Diogenes Taschenbuch 24675

Tee

Geschichten zum Entspannen

Ausgewählt von
Kati Hertzsch

Diogenes

Nachweis am Schluss des Bandes
Covermotiv: Gemälde von Francis Campbell Boileau Cadell,
›Still Life with a Lacquer Screen‹, oil on canvas, 59,5 × 49,5 cm

Originalausgabe

www.diogenes.ch
80/22/36/1
ISBN 978 3 257 24675 9

Inhalt

»It's always tea time.«
Lewis Carroll, Alice in Wonderland

JAN BRANDT

Nicht die Bohne

Das Haar sorgfältig gescheitelt, den schmächtigen Körper in einen schwarzen Anzug gehüllt, das Buch der Bücher neben sich auf dem Tisch, so saß Otto Waalkes Mitte der siebziger Jahre vor der Kamera und sprach in seiner Fernsehshow »Das Wort zum Montag«: »Meine Damen und Herren, ... als ich neulich in meiner Musikbox blätterte, da stieß ich auf folgende kleine Zeile: ›Theo, wir fahr'n nach Lodz‹. Nun, was wollen uns diese Worte sagen? Da ist von einem Menschen die Rede. Von einem ganz bestimmten Menschen. Nicht Herbert, nicht Franz, nicht Willy, nein, Theo ist gemeint! Aber um welchen Theo handelt es sich? Ist es nicht auch jener Theo in uns allen, der in so wunderbaren Worten vorkommt wie Theologie, Theodorant, Tee oder Kaffee?«

In den Sketchen und Scherzen der Narren stecken häufig tiefe Wahrheiten. Sie legen, weil sie seit jeher den Schalk im Nacken und die Freiheit auf ihrer Seite haben, die Sehnsüchte und Seelen der Menschen bloß. Und so hat der berühmteste Ostfriese, der berühmteste Narr Deutschlands, mit »Tee oder Kaffee?« – über einen gewagten, nicht leicht nach zu vollziehenden Umweg – eine Frage aufgeworfen, die in Zeiten der Globalisierung für jeden Teetrinker, der in teefeindlichen Regionen ein Café betritt, immer wieder zu einer Schicksalsfrage wird. Insbesondere, wenn es sich dabei um eine Filiale einer weltweit agierenden Caféhauskette handelt und die in Klarsichtfolien eingeschweißten oder an der Wand hinter dem Tresen angebrachten Karten unter der Rubrik »Heiße Getränke« im Extremfall folgendes Angebot ausweisen:

Cappuccino,
Latte Macchiato,
Caffè Latte,
Caffè Americano,
Caffè Mocha,
White Chocolate Mocha,
Espresso,
Espresso Macchiato,
Espresso Con Panna,
Espresso Ristretto,
Espresso Lungo,
Espresso Corretto,
Milchkaffe Jumbo,
Milchkaffee mit doppeltem Espresso,
Einspänner,
Entkoffeinierter Kaffee,
Entkoffeinierter Milchkaffee,
Entkoffeinierter Capuccino,
Milchkaffee mit Vanille-, Karamell-, Zimt-, Pina Colada-, Amaretto- oder Haselnussaroma,
Carajillo mit Brandy oder Anis,
Espresso Coretto mit 2 cl Grappa,
Irish Coffee mit Tullamore Dew und Sahne,
Kaffee französisch mit Cognac und Sahne,

Kaffee holländisch mit Eierlikör und Sahne,
Kaffee mexikanisch (halb Kaffee, halb Schokolade),
Kaffee-Alternativen:
Heiße Milch,
Heiße Schokolade,
Heiße Zitrone,
Schwarzer Tee.

Eine solche Karte entspricht der Statistik. In Deutschland wird pro Kopf und Jahr durchschnittlich 6,9 Kilo Kaffee getrunken – und 250 Gramm Tee. Nur ein von unbeugsamen Friesen bewohntes Gebiet hört nicht auf, den Kaffeetrinkern erbitterten Widerstand zu leisten: In der Region zwischen Jade und Ems ist der Teeverbrauch zehnmal höher als im Rest der Republik, bedingt durch das weiche, kalkarme Wasser, das widrige, raue Klima, bittere Armut, frühe Handelsbeziehungen zu Indien und China – und die Sturheit der Bevölkerung.

Der Schwarze Tee, den die »Außerfriesischen« in den ihnen fremden Gegenden notgedrungen bestellen müssen, wollen sie keinen Kaffee trinken, hat mit dem Schwarzen Tee aus Assam, mit der patentierten echten Ostfriesenmischung, mit der Ostfriesen in Ostfriesland aufwachsen, oft nur den Namen gemein. Meist hängt ein billiger, aus den Blattfasern der Bananenstaude hergestellter Beutel oder ein mit Teeblättern voll gestopftes Teeei in einem viel zu kleinen Glas mit lauwarmem Wasser, während ringsum von den mit leuchtendem Milchschaum bedeckten Tassen, Schalen und Gläsern ein kräftiger, die Sinne betörender Duft aufsteigt.

Im beruflichen und privaten Kosmos das gleiche Bild: In Kantinen, Konferenzräumen und Küchen stehen – prominent positioniert – dampfend, zischend Kaffee- und Espressokannen, glänzende Siebträger- oder Handhebelgeräte, raumgreifende Vollautomaten für hohe Benutzerfrequenz, sofort betriebsbereite Heißgetränkesysteme aus Edelstahl oder Elfeinbein im sportlichen Porsche-Design. Wenn es überhaupt Tee gibt, dann handelt es sich um mit Bergamotteöl fermentierten Earl Grey, ayurvitalische Esoteriktantrayogatees, die »Erkenne deine Kraft«, »Innere Gelassenheit« und »Seelenharmonie« heißen; parfümierte Kräutertees mit nicht ganz jugendfreien Nachtprogrammtiteln wie »Hüttentraum«, »Heiße Liebe« und »Pure Lust« oder Gesundheitstees, die Magen, Darm, Herz und Hirn schonen. Vielleicht gibt es in einigen gut sortierten, feministisch geschulten Studentinnen-WGs sogar ein umfangreiches Teesortiment mit dem Besten aus Apfel, Feige, Dattel, Ginko, Zitronengras, Zitronenverbenenkraut, Süßholz, Jasmin, Fenchel, Melisse, Kümmel und Kamille; alles Ingredienzien, die aufs Engste mit Übelkeit und Erbrechen, Räucherstäbchen, violetten Batiktüchern und selbst gestrickten, neonfarbenen Stulpen verknüpft sind oder böse Lebertrankindheitstraumata heraufbeschwören.

Was, um Waalkes willen, wollen uns all diese Worte sagen?

Caféhausketten sind mächtige, den Erdball mehr und mehr umklammernde Kraken?

Teestuben Relikte einer unwiederbringlichen Zeit?

Schwarzteetrinker eine vom Aussterben bedrohte Minderheit?

Kaffeetrinker die alte und neue Mitte?

Vielleicht.

Auf jeden Fall sind Schwarztee- und Kaffeetrinker zwei, die nicht miteinander können. Sie verkörpern grundsätzlich gegensätzliche Kräfte: das apollinische und das dionysische Prinzip. Das Ruhige, Besinnliche, Meditative.

Und das Flüchtige, Berauschende, Ekstatische.

Kaffeetrinker sind auf Leistungsmaximierung getrimmte Kapitalisten, ehrgeizig, nervös, immer auf dem Sprung. Sie leiden unter Schlaflosigkeit, Herzrasen und Gedankenflucht. Sie haben kein Zeitgefühl, dafür schlechte Zähne, schlechte Haut und zu allem eine Meinung.

Kaffeetrinker lassen sich gerne bedienen, am liebsten von Maschinen; zur Not auch von Menschen, die aussehen, als könne man sie noch zu was anderem gebrauchen. Ihnen ist es egal, wie die aufgebrühte braune Suppe, die sie mehrmals täglich aus Suppenschüsseln, Papp- oder Plastikbechern schlürfen, heißt, weil sie die feinen Unterschiede der ständig wachsenden Produktpalette ohnehin nicht mehr erkennen können. Sie verfügen wie viele Drogensüchtige über ein ausgeprägtes Kurzzeitgedächtnis, vor allem, wenn das Koffein gerade ihren Kopf kitzelt. Dann sind sie geistreich, schlagfertig, unterhaltsam. Am nächsten Tag aber haben sie alles wieder vergessen.

Teetrinker dagegen sind ewig gestrige Romantiker, wortkarge, weltabgewandte Weicheier, alles wieder und wieder durchdenkende und überprüfende Gesundheitsfanatiker, Scholastiker, Gnostiker, Elegiker, humorlose Asketen, die strengen Regeln und Bräuchen folgen, nichts vertragen, nichts dem Zufall überlassen und sich – wie ihre esskulturelle Entsprechung, die Vegetarier – stets ausgegrenzt und missverstanden fühlen.

Anders gesagt: Blätter und Bohnen passen nicht zusammen.

Der Kaffee, einer Legende nach aus der äthiopischen Provinz Kaffa stammend und ebenso wie der Tee im 17. Jahrhundert in Europa eingeführt, ist dem arabischen Namen nach ein »anregendes Getränk«, das den Geist schärft und das Sprachzentrum stimuliert. Er funktioniert wie ein Aufputschmittel, weil die in den Kaffeekirschkernen enthaltenen Röststoffe dafür sorgen, dass das Koffein sofort fast vollständig, gleichsam schockartig, vom Körper aufgenommen wird.

»Der Kaffee macht nüchtern, aber er stürmt wie mit hundert Pferden dahin«, bemerkte der Wiener Korrespondent des »Berliner Tageblatts« Heinrich Eduard Jacob in seinem 1934 erschienenen Kultursachbuch »Sage und Siegeszug des Kaffees«. »Der Tee hat Stille, buddhistisches Schweigen.«

Der durch Welken, Rollen, Fermentieren aus dem Teestrauch (Camellia Sinensis) gewonnene Schwarztee ist ebenfalls reich an Koffein, was aber langsam und je nach Ziehzeit beruhigend oder belebend wirkt. Der größte und unbestreitbarste Vorzug von Schwarzem und Grünem Tee besteht jedoch darin, dass beide Fluoride, Catechine und Chlorophyll enthalten und somit nicht nur gut für die Zähne sind, sondern gleichzeitig Mundgeruch vermindern – was manchem Schüler ganz nebenbei ein anderes Kindheitstrauma, den Schrecken vor unter chronischer Halitose leidenden Lehrern, nehmen könnte.

Tee ist Tao, der Ursprung allen Seins, ein Tonikum,

Aphrodisiakum, Politikum. Ohne Tee hätten die Nazis womöglich den Zweiten Weltkrieg gewonnen, Neil Armstrong wäre nicht der erste Mann auf dem Mond gewesen und George W. Bush nicht der 43. Präsident der USA.

Ohne Tee hätte es nämlich die Vereinigten Staaten von Amerika nicht gegeben. Die so genannte »Boston Tea Party« begann damit, dass das Parlament in London der britischen Ostindien-Gesellschaft das Monopol einräumte, ihre Kolonien in der neuen Welt mit Tee zu beliefern – unter Umgehung der amerikanischen Importeure. Als am 16. Dezember 1773 drei Schiffe der East India Company in den Hafen von Boston einliefen, schlichen etwa sechzig, als Mohikaner verkleidete Männer an Bord, warfen 342 Kisten feinsten Bohea-Tees ins Meer, lösten dadurch den Unabhängigkeitskrieg – und am 4. Juli 1776 die Gründung der Vereinigten Staaten von Amerika aus. »Die Vernichtung des Tees ist eine so kühne, entschlossene, furchtlose und kompromisslose Tat«, schrieb der Kaffee trinkende zahnlose Präsident John Adams in sein Tagebuch, »und sie wird notwendigerweise so wichtige und dauerhafte Konsequenzen haben, dass ich sie als Epoche machendes Ereignis betrachten muss.« Er sollte recht behalten: Tee hat seitdem ein Imageproblem in den USA, und Kaffee avancierte dort zum Symbol für Freiheit, Demokratie – und eine uneingeschränkte, aggressiv expandierende Marktwirtschaft.

Zur gleichen Zeit wollte der schwedische König Gustav III. beweisen, dass Kaffee giftig sei. Er begnadigte zwei zum Tode verurteilte Häftlinge, ließ den einen in seiner Zelle fortan Kaffee, den anderen Tee trinken. Zwei Mediziner sollten das schnelle und doch qualvolle Siechtum des Kaffeetrinkers dokumentieren. Die Häftlinge tranken und tranken, erst Tage und Wochen, dann Monate und Jahre. Erst starb der eine Arzt, dann der andere. Dann die, die ihnen nachfolgten. Auch König Gustav III. erlebte das Ende des Experimentes nicht. Er wurde 1792 ermordet. Nichtsdestotrotz reichten die Wärter den beiden Gefängnisinsassen weiterhin Tee oder Kaffee. Bis der Teetrinker vor dem Kaffeetrinker starb. Im Alter von 83 Jahren. Der Kaffeetrinker wurde entlassen. Keiner weiß, wie alt er geworden ist.

Seitdem ist die Frage nach Tee oder Kaffee keine Frage von Leben oder Tod mehr, sondern eine der Ehre, der Haltung, des Geschmacks.

Tee muss und wird sich gegen Kaffee niemals durchsetzen. Tee braucht Zeit. Tee ist das Gegenteil von »to go«. »Die Teestunde hat mehr als sechzig Minuten. Sie scheint überhaupt nicht metronomisch begrenzt«, erkannte der Hannoveraner Dichter Karl Krolow 1972, als er den nordwestlichsten Zipfel Niedersachsens bereiste und mit der ostfriesischen Teezeremonie vertraut gemacht wurde. »Man trinkt Tee in Ruhe. Man trinkt ihn gründlich. Geduld gehört dazu.«

Für die Teezubereitung gibt es keine Automaten, die einem die Arbeit abnehmen. Es gibt den immer gleichen »Treckpott« aus Porzellan, der vor dem Aufguss heiß ausgespült wird. Es gibt das Teegeschirr: die Servierkanne, das Stövchen, das Sieb, die Schaufel, den Kessel, das kochend heiße sprudelnde Wasser und – natürlich – den Tee selbst, bernsteingolden, mit leichtem, zartbittrem Rauchgeschmack, geschüttelt, nicht gerührt, gesüßt mit einem kristallförmigen, über den Tassenrand hinausragenden Kandis, umwölkt von einem Schuss süßer Sahne.

In Ostfriesland, diesem Wunderland, schrieb der mit Ernst Jünger befreundete Schriftsteller Gerhard Nebel 1964, müsse die vier Mal täglich zelebrierte »Mad Tea-Party« als »ein Bekenntnis zum Stamm« gedeutet werden, »als ein Kult, in dem der Stamm sich selbst feiert. Alles, was mit dem Tee zusammenhängt, besitzt Kleinod-Charakter.«

Ein Ritus? Ein Fetisch?

Vielleicht.

Aber kein Zen. Keine Philosophie. Keine Metaphysik.

Nur Tee. Viel Tee.

Das ist das ganze Geheimnis.

Der seltenste und teuerste Tee der Welt ist übrigens der aus China stammende Bai Hao Yinzhen. Er wird auch »Weiße Silbernadel« genannt, nach dem silbrigen, seidenartigen Flaum, der die jungen, noch ungeöffneten Knospen umgibt. Die Sträucher dieses Tees gedeihen am besten in der Provinz Hunan, auf der inmitten des Dongting-Sees gelegenen Insel Junshan. Die Blätter werden nur an zwei Morgen im Jahr, in der Zeit zwischen dem 15. März und dem 10. April gepflückt und anschließend in goldenen Körben getrocknet. Der Legende nach wurde dieser unfermentierte Weiße Tee direkt an den kaiserlichen Hof geliefert, weil man ihm eine lebensverlängernde Wirkung nachsagte.

Der seltenste und teuerste Kaffee der Welt ist der aus Indonesien stammende Kopi Luwak. Die Kaffeekirschen dieser besonderen Sorte wachsen zwar auch auf Bäumen, werden aber erst geerntet, nachdem sie den Darm des nachtaktiven Fleckenmusangs (Paradoxurus hermaphroditus) durchwandert haben. Die zu den Schleichkatzen gehörenden Tiere verdauen nur das rote Fruchtfleisch und scheiden die Kerne unversehrt und durch ihre Magenenzyme vollendet veredelt wieder aus. Diese natürliche Nassfermentation verleiht den Bohnen ein dunkles, muffiges und – dem britischen Komiker und Kopi-Luwak-Kenner John Cleese zufolge – »erdiges, modriges, mildes, sirupgleiches« Aroma, das Feinschmecker dazu verführt, 1000 Euro pro Kilo zu zahlen.

Was wollen uns diese Worte sagen?

Spitzentee ist silbern?

Spitzenkaffee scheiße?

Vielleicht.

»Oder vielleicht nicht«, wie Otto Waalkes in seinem »Wort zum Montag« orakelte. »Wer weiß.«

SŁAWOMIR MROŻEK

Tee oder Kaffee?

»Tee oder Kaffee?«, fragte die Dame des Hauses.

Ich mag das eine wie das andere, und hier befahlen sie mir auszuwählen. Das hieß, sie geizten entweder mit Kaffee oder mit Tee.

Ich bin gut erzogen, also ließ ich mir nicht anmerken, dass ich einen derartigen Geiz verabscheue. Ich war gerade mitten im Gespräch mit dem Professor, meinem Tischnachbarn, den ich von der Überlegenheit des Idealismus dem Materialismus gegenüber überzeugte, und tat so, als hätte ich die Frage nicht gehört.

»Tee«, sagte der Professor, ohne zu zögern. Natürlich, dieses Mistvieh war ein Materialist und drängelte sich gleich an den Fresstrog.

»Und Sie?«, wandte sie sich an mich.

»Entschuldigung, ich muss mal raus.«

Ich legte die Serviette hin und ging zur Toilette. Ich musste überhaupt nicht, aber ich wollte überlegen und Zeit gewinnen.

Wenn ich mich für Kaffee entscheide, dann verliere ich den Tee und umgekehrt. Wenn die Menschen frei und gleich geboren werden, dann sind es Kaffee und Tee auch. Wenn ich Tee nehme, dann fühlt sich der Kaffee zurückgesetzt und umgekehrt. Eine solche Verletzung des Naturgesetzes des Kaffees, oder auch des Tees, widersprach meinem Gerechtigkeitsgefühl als der übergeordneten Kategorie.

Ich konnte aber nicht endlos in der Toilette sitzen, sei es auch nur deshalb, weil das nicht die reine Idee einer Toilette war, sondern eine allgemeine Toilette, beziehungsweise eine gewöhnliche Toilette mit Kacheln. Als ich ins Esszimmer zurückkam, tranken bereits alle entweder Tee oder Kaffee. Mich hatte man ganz offensichtlich vergessen.

Das traf mich tief. Keinerlei Aufmerksamkeit, keinerlei Toleranz für das Individuum. Nichts kann ich so wenig leiden wie eine seelenlose Gesellschaft; ich lief also in die Küche, um die Menschenrechte einzufordern. Als ich auf dem Tisch einen Samowar mit Tee sowie eine Kaffeemaschine sah, erinnerte ich mich, dass ich das ursprüngliche Dilemma noch nicht gelöst hatte: Tee oder Kaffee, oder auch Kaffee oder Tee. Natürlich sollte man das eine oder das andere fordern, statt dem Kompromiss einer Wahl zuzustimmen. Ich bin aber nicht nur gut erzogen, sondern auch sehr zartfühlender Natur. Also sagte ich höflich zur Dame des Hauses, die in der Küche herumwirtschaftete:

»Bitte halb und halb.«

Dann schrie ich: »Und ein Bier!«

JARDINE LIBAIRE, AMANDA EYRE WARD

Imperial Dragonwell

Bei einer Fahrt durch Santa Fe machte Jardine an einem Teegeschäft halt. Sie blieb einfach im Verkaufsraum stehen und guckte. Hunderte von Hand beschriftete Teekisten in den Regalen – es war Verführung am helllichten Tag. Allein die Namen – Blackwood Ceylon, Heavenly Blue Peak, Himalayan Snowflake, Volcano Flower Burst – waren so was Ähnliches wie poetische kulinarische Pornographie. Sie grinste schwer entzückt.

Beim Tee geht es ums Zeremoniell und die feinen Nuancen. Es ist himmlisch, den Dampf einzuatmen, der aus der Tasse aufsteigt. Es geht auch ums Teilen und Geben, man kann vor sich hin träumen und loslassen. Wir lieben die gläsernen Teekannen, in denen man beobachten kann, wie ein hartes, getrocknetes Jasminkügelchen langsam im heißen Wasser aufblüht und dabei aussieht wie ein wildes Herz.

Wir lieben das Lexikon an Zutaten, vom sizilianischen Blutorangenaufguss über die Akelei in dem weißen Tee aus China, der Silver Needle heißt, bis zu Tie Guan Yin, der einen Hauch Orchideenduft verströmt, und Baroness Grey, einem Earl Grey mit würziger Zitrone. Während eines Schreibaufenthalts entdeckte Amanda den rauchigen Charme von Artischockentee für sich und bestellt ihn jetzt regelmäßig aus London.

Wenn wir es eilig haben, kaufen wir billigen namenlosen Tee im Pappbecher. Zu Hause aber kochen wir Tee für eine Freundin, legen einen Mandelkeks dazu und servieren ihn in einer Tasse (von der Großmutter geerbt) aus so zartem Porzellan, dass das Sonnenlicht hindurchscheint. Wenn wir uns beim Schreiben so richtig ins Zeug legen, können wir auch schon mal ein bis zwei Kannen Zitronengrastee alleine trinken. Wenn wir Angst haben, nicht einschlafen zu können, greifen wir auf den guten alten Einschlaftee zurück, der sich anfühlt wie ein Küsschen auf die Stirn von einer liebevollen Mutter. Bei Rooibos liebt Amanda Karamell-Kamille und Lavendel (die Sorten bekommt man fertig im Supermarkt). Und wie so oft genügt es manchmal schon, in einem Teegeschäft zu stehen und die vor Herrlichkeiten berstenden Regale zu betrachten, und dann mit leeren Händen, aber hellwach wieder hinauszugehen.

FRANK BERZBACH

Nichts sonst

Einen Raum zwischen stark religiöser Prägung, Heiligkeit und Alltag eröffnet die Welt des Tees. Der Teemensch gilt in Asien als eine an der Weisheit interessierte Person, übend, suchend und sensibel, auf die Gastfreundschaft bezogen und vor allem: Er nimmt die Ereignisse nicht zu ernst, verzweifelt nicht an der Vergänglichkeit. Er hat eben nicht »zu wenig Tee in sich«, wie man in Japan sagt. Orte, an denen Tee getrunken wird, werden mit Schönheit infiziert oder sind von ihr geprägt. Nun lässt sich in Europa, gemessen an dieser Ästhetik der Teeräume, nichts Ähnliches finden. Die Teeliteratur bildet in Ostasien eine eigene literarische Gattung, die sowohl auf daoistische und zen-buddhistische Praktiken, deren Ästhetik und zugleich auf den Alltag bezogen sind. Der Teetrinker sucht kein Getränk, das ihm einen Kick verpasst, sondern Gelassenheit und Wachheit. Tee ist nicht allein als Getränk im Focus der Wahrnehmung, zur eigentlichen Kulinarik, um die es zum Beispiel bei den Wein- oder Whisky-Kennern geht, findet sich wenig. Der fein-herbe Geschmack, die Farbe, der Geschmackskontrast zu den Speisen wird erwähnt, kaum mehr. Tee zubereiten ist so einfach, dass man daran nur scheitern kann. Rikyu, der die Teezeremonie vollendete, definierte:

»Das Wesen der Teezeremonie ist Wasser kochen,
Tee bereiten und ihn trinken. Nichts sonst.«

Die ersten drei Aspekte könnte schon ein Kind beherrschen, aber erst im zweiten Satz liegt die Herausforderung eines lebenslangen Übungswegs und auch der vollendeten Schönheit. »Nichts sonst.« – Wie das erreichen? Sich bei all seinen Bewegungen der Zubereitung nur auf die Zubereitung konzentrieren, sich hinsetzen und die Teeschale umgreifen, ihn in innerer und äußerer ungestörter Ruhe genießen – und das mit Gästen; weder dem Rauschen im eigenen Kopf erliegen, noch an die Zeit nach dem Teetrinken denken oder an den Vortag. Christoph Peters, der einladend über sein Leben mit Tee schreibt, und der weit auf dem Teeweg fortgeschritten ist, findet, dass Tee »vielmehr Bestandteil eines anderen Lebensrhythmus (sei), einer anderen Art und Weise, in der Welt zu sein«. Die Kulturen unterscheiden sich im Umgang und in der Zubereitung, im Gedächtnis bleiben vielen aber vor allem die Bilder des auf uns stark formalisiert wirkenden japanischen Teewegs. Zu dieser Zeremonie gehört, im umfassendsten Sinne, der Garten und der Pfad hindurch zum Teehaus, das nach spezifischen architektonischen Regeln gebaut ist, die Utensilien zur Teezubereitung, das Blumengesteck und die Kalligrafie, schließlich der geschlagene grüne Tee, der Gastgeber und die Gäste. Jede Handlung und Bewegung, wann wer was sagt, alles ist aufeinander bezogen und miteinander verbunden. Es wundert also nicht, dass die alten Meister meinten: »Tee und Zen haben gleichen Geschmack.« Nun reicht das Betreten eines guten Teeladens völlig aus, um den betörenden Gesamtzusammenhang zu erahnen. Die Schalen und Kannen, der Geruch und Geschmack puren grünen oder schwarzen Tees, die Atmosphäre und die Art der Läden sind Zeugnisse des Teeismus.

In Deutschland hat allein Ostfriesland eine würdige Teekultur etabliert, die mit dem passenden Porzellan, schweren, wohlkomponierten und länger ziehenden Assamteemischungen, Kluntje und in der Tasse Wölkchen bildender Sahne, der Lakonie der Menschen und passendem Gebäck die Schönheit zeigen. Zu den feinsten Geräuschen einer Welt der Schönheit gehört das leise Knacken der springenden dicken Stücke Kandiszuckers, wenn man heißen Tee über ihn gießt. Länger gezogener Schwarztee wirkt anregend, über das in ihm enthaltene Teein, aber zugleich durch andere Wirkstoffe beruhigend auf die inneren Organe. Diese paradoxe Doppelwirkung zeugt vom Ausmaß einer Teekultur, in der man immer ein ausprobierender und suchender Genießer bleibt. Welcher Tee aus welcher Kanne? Welche Schale? Wie hoch oder niedrig die Temperatur, wie hart oder weich darf das Wasser sein? Tee zubereiten ist einerseits einfach, andererseits wird das Ergebnis niemals exakt gleich sein (daran hat ein Teetrinker auch gar kein Interesse). Die Teehäuser, Teeräume, angerichtete Teetafeln, auch der Hightea in England bieten Räume der Schönheit. Im *Buch vom Tee* von Okakura heißt es: »Teeismus ist die Kunst, Schönheit zu verhüllen, um sie zu entdecken, um etwas anzudeuten, was man nicht zu enthüllen wagt.«

Der Tee steht somit nicht nur im engen Bezug zur Schönheit, sondern darüber hinaus ist er ein auf den Geist klärend wirkendes Getränk, welches zur Lebenskunst gehört. Die Aufmerksamkeit der Teemeister richtet sich auf jedes Detail: auf Kleidung, die Art zu sitzen und zu sprechen, das Tempo der einzelnen Bewegungen, die verschiedenen Arten, wie Wasser kocht, die Blick- und Ausführung jedes Zubereitungsschritts, die größtmögliche Konzentration auf die Gäste und die Annahme der Unvollkommenheit des Lebens – und das alles mit dem Ziel, eine völlige Natürlichkeit der im tieferen Sinne regellosen Regelfolge zu erlernen. »Nichts sonst.« Wenn so eine Lehre Einfluss auf den Alltag nimmt, verschönern sich die allergewöhnlichsten Handlungen, ganz ohne Zwanghaftigkeit. Souveräne, geübte Spontaneität, starkes Formbewusstsein und intuitives, reines Handeln sind die Folge. Und eine sublime Schönheit, deren Anmutung man spürt, nur weil man zur Teeschale greift, in der ein helles, grünlich schimmerndes Getränk serviert wurde. Dass in einer Teeschale immer Frieden herrsche, wie es im Zen heißt, bezieht sich sowohl auf den geklärten Geist, aber auch auf die Außenwelt. Diese Schönheit rettet die Welt.

In einem guten Teeladen lässt sich Schönheit erfahren. Aber nicht nur dort. Die Atmosphäre in den Ladenlokalen eines inhabergeführten Fachhandels bestimmt sich oft durch interessiertes Wohlgefallen. Dieses entsteht durch die Rückkehr des Analogen. Da viele Orte verschwinden und in reiner Pragmatik aufgehen, werden diese Inseln der Schönheit stärker wahrgenommen. »Man muss sich beeilen, wenn man noch etwas sehen will«, schrieb einmal Paul Cézanne; er bezog sich dabei auf die Veränderungen der Landschaft. Überall wurden Bahnlinien und Straßen gebaut und diese veränderten die Ansicht; in den Augen des Malers zerstörten sie die Schönheit.

GEORGE ORWELL

Eine gute Tasse Tee

Wenn man »Tee« im erstbesten Kochbuch nachschlägt, sucht man wahrscheinlich vergebens oder findet allenfalls ein paar flüchtige Anweisungen, die zu einigen der wichtigsten Punkte keine Auskunft geben. Das ist nicht nur deshalb merkwürdig, weil Tee einen Grundpfeiler unserer Kultur sowie der Irlands, Australiens und Neuseelands darstellt, sondern auch, weil die beste Art, ihn zuzubereiten, Gegenstand heftiger Auseinandersetzungen ist.

Mein eigenes Rezept für die perfekte Tasse Tee enthält nicht weniger als 11 unverzichtbare Schritte. Über zwei davon ist man sich wohl allgemein einig, doch mindestens vier andere sind äußerst umstritten. Hier also meine elf Regeln, deren jede ich als golden betrachte:

· Erstens einmal, man sollte indischen oder Ceylon-Tee trinken. Chinatee hat zwar Vorzüge, die heutzutage nicht zu verachten sind – er kostet wenig und lässt sich ohne Milch trinken –, regt aber nicht sonderlich an. Man wähnt sich weder klüger noch mutiger, noch wird man optimistischer, wenn man ihn getrunken hat. Wer von einer »guten Tasse Tee« spricht, meint mit dieser wohlklingenden Wendung stets indischen Tee.

- Zweitens, Tee sollte in kleinen Mengen zubereitet werden – also in einer Teekanne. Tee aus der Teemaschine schmeckt immer nach nichts, der Feldküchentee aus dem Großkessel nach Fett und Kalk. Die Teekanne sollte aus Porzellan oder Steingut sein. Kannen aus Silber oder Britannium liefern minderwertigen Tee und Emailkannen erst recht, während die heute selten gewordene Zinnkanne erstaunlicherweise gar nicht so verkehrt ist.
- Drittens, die Kanne sollte vorab erwärmt werden. Dazu stellt man sie am besten auf die Herdplatte, statt sie wie üblich mit heißem Wasser auszuspülen.
- Viertens, der Tee sollte stark sein. Für eine fast bis zum Rand gefüllte 1-Liter-Kanne wären sechs gehäufte Teelöffel in etwa richtig. In Zeiten der Rationierung geht das zwar nicht tagtäglich, doch meiner Ansicht nach ist eine Tasse starker Tee besser als zwanzig Tassen schwacher. Alle wahren Teeliebhaber mögen ihren Tee nicht nur stark, sondern haben ihn gern jedes Jahr ein bisschen stärker, ein Umstand, dem die Sonderzuteilung für Rentner Rechnung trägt.
- Fünftens, der Tee gehört direkt in die Kanne. Kein Sieb, kein Gazebeutel und auch sonst nichts, was den Tee gefangen hält. In manchen Ländern sind Teekannen mit an der Tülle baumelnden Körbchen zum Auffangen verirrter Blätter ausgestattet, weil die als schädlich gelten. Tatsächlich kann man beträchtliche Mengen Teeblätter schlucken, ohne Schaden zu nehmen, und wenn der Tee nicht lose in der Kanne liegt, zieht er nicht richtig durch.
- Sechstens, man gehe mit der Kanne zum Kessel und nicht umgekehrt. Das Wasser sollte im Moment des Auf-

gießens wirklich sprudeln, also auf der Flamme stehen, während man gießt. Manche fügen hinzu, es sei nur frisch zum Kochen gebrachtes Wasser zu verwenden, aber da habe ich nie einen Unterschied festgestellt.

- Siebtens, nach der Zubereitung sollte man den Tee umrühren, oder besser noch, die Kanne einmal kräftig schütteln, damit sich anschließend die Blätter setzen können.
- Achtens, man trinke aus einer guten Frühstückstasse, einer hohen, zylindrischen also, keiner, die flach und niedrig ist. Die Frühstückstasse fasst mehr, und in den anderen ist der Tee immer schon halb kalt, ehe man richtig zu trinken angefangen hat.
- Neuntens, man schöpfe den Rahm von der Milch, ehe man sie in den Tee gibt. Zu rahmige Milch verleiht ihm stets einen unangenehmen Geschmack.
- Zehntens, man gieße zuerst den Tee in die Tasse. Das ist einer der umstrittensten Punkte überhaupt; wahrscheinlich gibt es in jeder britischen Familie zwei Denkschulen zu diesem Thema. Die Erst-die-Milch-Schule kann zwar einige starke Argumente anführen, doch mein eigenes Argument, behaupte ich, ist unschlagbar. Nämlich, wenn man zuerst den Tee einschenkt und ihn dabei umrührt, kann man genau bestimmen, was an Milch dazukommt, wohingegen man leicht zu viel Milch nimmt, wenn man umgekehrt verfährt.
- Und elftens schließlich: Tee sollte, so man ihn nicht im russischen Stil genießt, ohne Zucker getrunken werden. Mir ist durchaus bewusst, dass ich hier in der Minderheit bin. Und dennoch, wie kann sich als wahrer Teeliebhaber bezeichnen, wer das Aroma seines Tees zerstört,

indem er Zucker hinzugibt? Ebenso einleuchtend wäre es, Pfeffer oder Salz hineinzutun. Tee soll bitter sein, genau wie Bier bitter sein soll. Süßt man ihn, schmeckt man nicht mehr den Tee, man schmeckt nur den Zucker; in heißem Wasser aufgelöster Zucker ergäbe ein ganz ähnliches Getränk.

Manche würden mir antworten, dass sie Tee an sich nicht mögen, dass sie ihn nur zum Aufwärmen und zur Anregung trinken und den Zucker brauchen, weil er den Geschmack wegnimmt. Diesen Irregeleiteten sage ich: Wenn ihr für vielleicht vierzehn Tage euren Tee einmal ohne Zucker trinkt, ist es sehr unwahrscheinlich, dass ihr ihn je wieder verderben wollt, indem ihr ihn süßt.

Dies sind nicht die einzigen strittigen Punkte, wenn es ums Teetrinken geht, doch sie zeigen bereits, wie komplex die ganze Angelegenheit geworden ist.

Denken wir nur an die rätselhaften Verhaltensregeln rings um die Teekanne (warum ist es beispielsweise verpönt, aus der Untertasse zu trinken?), und vieles ließe sich über die Nebenverwendung von Teeblättern schreiben, etwa zum Wahrsagen, zum Vorhersehen, ob Besuch kommt, zum Kaninchenfüttern, Brandwundenheilen und Teppichkehren.

DORIS DÖRRIE

Tee

Ich war nie ein Teetrinker, bis ich nach Japan kam. In der Sommerhitze zum Umfallen erschöpft, rettete mich immer wieder eine Tasse grüner Tee wie ein Zaubertrank. Dieser Duft, diese unvergleichliche Farbe! Ich trank so viel Tee, dass ich so gut wie gar nicht mehr schlafen musste – oder konnte –, und kaum zurück in München, gab ich mächtig damit an, dass ich *genmaicha, sencha* und *matcha* auseinanderhalten konnte. Ich erinnerte mich voller Wonne und Sehnsucht an versteckte Teehäuser in Bambuswäldern, wo alte Damen gekonnt den kleinen Bambusbesen für den perfekten Schaum im Matcha schwangen, den sie in berückend schönen Teeschalen servierten, in denen zu allem Überfluss auch manchmal noch ein Goldblättchen schwamm. Die Teekultur Japans beschreibt ein ganzes Universum, das man kaum jemals endgültig ergründen kann, und sie ist, könnte man meinen, fast darauf angelegt, den Fremden draußen zu halten. Zum Beispiel mit der Teezeremonie: in ihr soll die Flüchtigkeit und Vergänglichkeit unseres Seins vergegenwärtigt werden, unsere Zeit verrinnt, es gibt kein Entrinnen, nur im achtsam erlebten Augenblick liegt Erkenntnis. So weit die Theorie. Als wir uns zu den Dreharbeiten für den Film »Erleuchtung garantiert« in einem Zenkloster aufhielten, wurden wir eines Tages nach der Morgenmediation (die um drei Uhr nachts begann!) von der Ankündigung überrascht, es gäbe heute eine Teezeremonie. In Vorfreude auf eine heiße Tasse Tee im eiskalten Kloster ließen wir uns bequem auf unseren Sitzkissen nieder, worauf wir sofort streng ermahnt wurden, uns gefälligst ordentlich auf die Knie zu setzen, in den *seiza*-Sitz, der mir nach nur fünf Minuten höllische Schmerzen bereitete. Die Teezeremonie, die in Wirklichkeit keine Zeremonie ist, sondern einen Lebensweg illustriert, dauert zwischen einer und sechs Stunden und soll die Teilnehmer die Enge von Raum und Zeit vergessen lassen und zu entspannter Heiterkeit führen. Oder heiterer Entspanntheit. Am besten zu beidem. Für mich völlig undenkbar. Nie war ich weiter vom Ziel entfernt, innere Stille und Gelassenheit zu erreichen. Von Sekunde zu Sekunde wollte ich aufspringen, mich wie eine Dreijährige auf die Tatamis werfen und brüllen: wann bekomme ich meinen verdammten Tee? Und wann darf ich ihn austrinken, damit bitte, bitte Schluss ist mit dieser Höllenqual? Endlos langsam vollführte der Teemeister in abgezirkelten, sorgsam choreografierten Bewegungen seine Kunst, die ich als reine Folter empfand, und als ich endlich, endlich die winzige Tasse Tee an die Lippen setzen durfte, war ich so erschöpft von meinen Schmerzen, meiner Ungeduld und Wut, dass ich gar nichts mehr schmecken konnte. Von da an fürchtete ich jeden Morgen, eine weitere Teezeremonie stünde ins Haus, und ich habe seitdem einen großen Bogen um Einladungen zu einer solchen gemacht. Und dennoch: bis heute trinke ich eine Tasse grünen Tee mit deutlich mehr Aufmerksamkeit als eine Tasse Kaffee und freu mich, dass ich dabei nicht knien muss.

THOMAS MEYER

Ich frage, was für Tee es sei, der schmecke so gut

Ein Tätowierstudio in Zürich. Eine junge Frau steigt von der Liege herunter und zeigt stolz ihren Oberarm, auf dem ein frisch gestochenes chinesisches Schriftzeichen prangt.

»Ich bin im Jahr des Büffels geboren«, erklärt sie, »und das ist das Zeichen des Büffels.«

An der Wand ist ein Poster zu sehen, auf dem weitere Schriftzeichen und ihre Bedeutung stehen: Hund, Drache, Pferd, Affe.

Ich erkundige mich beim Betreiber des Studios, einem etwa fünfzigjährigen Mann mit weißem Vollbart, komplett tätowierten Unterarmen und einer alten Wollmütze, ob diese Zeichen häufig verlangt würden.

»Ja«, antwortet er, während er sein Besteck in Ordnung bringt, »ich mache pro Woche sicher vier, fünf.«

Und ob er auch ganze Sätze anbiete?

»Klar, ist alles da drin«, sagt er und deutet auf einen Ordner auf dem Tischchen vor dem Sofa, wo die wartende Freundin der jungen Frau etwas in ihr iPhone tippt.

Der Ordner präsentiert die üblichen Sujets; Pin-up-Girls, Tribal-Muster und eine Unzahl von chinesischen Schriftzeichen, einzeln und in Kombination; jeweils mit ihrer Übersetzung versehen: Du und ich in alle Ewigkeit, Glück in allen Unternehmungen, Träume sind Wirklichkeit. In der rechten oberen Ecke der einzelnen Seiten ist die Webadresse asiazeichen.de angegeben.

Ich frage den Tätowierer, woher er wisse, dass all diese Schriftzeichen genau dies bedeuten würden.

Die Frage interessiert mich nämlich schon lange.

Er schaut mich etwas irritiert an; als hätte ich gefragt, ob er steril arbeite.

»Steht doch da?«, antwortet er.

Ich suche noch zwei weitere Studios auf. Es bietet sich in beiden das gleiche Bild: Fröhliche junge Menschen lassen sich Wörter und Sätze in einer Sprache tätowieren, die ihnen genauso wenig geläufig ist wie den Künstlern, denen sie sich anvertrauen. Und überall hat asiazeichen.de die Vorlagen geliefert.

Wieder im Büro, rufe ich die Website auf. Es gibt Aufkleber, Aufnäher, Plakate wie jenes im ersten Tätowierstudio, Postkarten und so weiter. Auch hier sind jeweils die Bedeutungen der Zeichen auf Deutsch oder Englisch angegeben: Clever, Magnificent, Respect, Hahn, Schlange, Liebe ist Schmerz, Liebe bedeutet Treue.

Ich schreibe dem Betreiber eine Mail und frage ihn, ob die Übersetzungen auch wirklich korrekt seien.

Dieter, der Mann hinter asiazeichen.de, ist etwas knapp: Logisch, schreibt er in seiner Antwort, was die Frage solle.

Woher er es denn so genau wisse, schreibe ich zurück; Dieter sei ja kein chinesischer Name.

Nun wird Dieter ungehalten, er habe die Sujets von einem Chinesen, der habe sie ihm mit der englischen Bedeutung geliefert, und er habe dann alles auf Deutsch übersetzt. Und wenn ich nichts kaufen wolle, solle ich bitte nicht weiter seine Zeit stehlen.

Ich stehle ihm noch etwas davon und bitte ihn um den Kontakt des fraglichen Chinesen.

Dieter antwortet ein letztes Mal, bloß mit einer Mailadresse: hang_liu@gmail.com.

Liu antwortet drei Wochen lang nicht auf meine Nachricht. Dann schreibt er: Ja, er sei der Übersetzer der Schriftzeichen, und wenn ich wissen wolle, was sie wirklich bedeuteten, müsse ich schon zu ihm nach China kommen. Er gibt mir eine genaue Wegbeschreibung.

Ich packe meinen Koffer und fliege nach Schanghai, nehme den Bus nach Wuhan, den Zug nach Yichang, die Fähre nach Chongqing, wieder den Bus nach Chengdu und dort einen anderen Bus in die Kleinstadt Dujiangyan, wo Liu lebt.

Der letzte Teil der Reise ist abenteuerlich; die Straßen sind ebenso schlecht wie die Fahrweise des dicken Mannes am Steuer und der Zustand seines rostigen Gefährts. Ich halte mich panisch an der Lehne des Vordersitzes fest. Eine alte Frau zeigt auf mich und sagt etwas. Die anderen Passagiere lachen. Sie sagt nochmals etwas, und sie lachen noch mehr.

Endlich kommen wir in Dujiangyan an. Ich steige aus. Mein Tropenhemd klebt an meinem Körper und mein Tropenhelm rutscht mir immer wieder in die Stirn, weil ich so schwitze. Die Frau aus dem Bus macht nochmals eine Bemerkung, als sie und die anderen Fahrgäste an mir vorbeigehen, und zeigt dabei auf das Schmetterlingsnetz in meiner Hand. Wieder lachen alle.

»Thomas!«, ruft da jemand auf der anderen Straßenseite.

Es ist Liu, der mit offenen Armen auf mich zukommt. Er führt mich in sein bescheidenes Heim, wo ich von seiner hübschen Frau freundlich begrüßt werde.

Ob ich einen Wunsch habe, fragt Liu.

Ich hätte gern eine Teezeremonie, sage ich.

Mein Gastgeber und seine Gemahlin tauschen einen Blick. Gern, sagt er, aber das dauere vier Stunden.

Zehn, sage ich mit zusammengekniffenen Augen.

Sechs, sagt Liu.

Wir einigen uns auf acht.

Am nächsten Morgen sitze ich Liu gegenüber. Er reicht mir eine Opiumpfeife. Ich inhaliere tief und gebe sie ihm zurück. Dann breite ich einige Papiere aus – alles Sujets von asiazeichen.de – und frage ihn: »Liu, diese Schriftzeichen – was bedeuten sie nun genau?«

Liu grinst, zieht an der Pfeife, grinst, weist auf Respect und sagt: »This … means impotence.«

Er kichert und hört nicht mehr auf damit: »Impotence, hihihi! Not respect! Impotence!«

Als Nächstes zeigt er auf Clever, wieder und wieder, nun schreit er vor Lachen und bringt dazwischen nur mühsam heraus: »This means: Fucked in your bottom! Very clever! Hahaha!«

Wir verbringen vier angenehme Jahre, in deren Verlauf ich meine Tropenuniform nie ablege, schwer opiumsüchtig werde und mit Liu eine Vielzahl von vulgären Schriftzeichen mit harmlosen, positiven Botschaften versehe: Du und ich stehen im Licht, Gute Gedanken machen reich und so weiter. Wir amüsieren uns, denn die dazugehörigen Zeichen heißen natürlich etwas ganz anderes.

Mir fallen mehrere Zähne aus. Liu hat schon lange keine mehr. Seine Frau serviert ununterbrochen Tee.

Irgendwann frage ich, was für Tee es sei, der schmecke so gut.

»Opiumtee«, lächelt sie und verschwindet lautlos wieder.

Eines Tages sagt Liu, ich müsse zurück nach Europa, die neuen Schriftzeichen seien jetzt fertig und müssten verkauft werden. Dieter warte schon darauf und habe keine Ahnung, hihihi.

Er reicht mir einen Packen mit einigen der Papiere, die wir in all der Zeit vollgeschrieben haben.

Ich reise nach Hause. Der Entzug ist brutal. Ich schwitze meine bereits vielfach verschwitzte Tropenuniform endgültig voll. Das Schmetterlingsnetz benutze ich als Krückstock. Auch hier lachen mich die Leute aus.

Ich schleppe mich zu Dieter und überreiche ihm die Papiere. Er bezahlt mich fürstlich, und ich sende Liu wie ausgemacht die Hälfte des Geldes.

In der Schalterhalle der Bank wartet vor mir eine junge Frau. Auf ihrem Arm steht, ich kann's jetzt lesen, Dumme Sau.

Ich lache laut auf. Sie dreht sich um und fragt warum. Ich sage es ihr. Sie klebt mir eine.

ALAN BENNETT

Miss Fozzard findet ihre Füße

Unauffälliges Wohnzimmer in der Vorstadt. Während ihres Monologs sitzt Miss Fozzard in verschiedenen Sesseln oder steht neben dem Kamin, doch die Kulisse bleibt unverändert.

Heute ist eine ziemliche Bombe geplatzt. Ich lege gerade meine Strümpfe zur Seite, als Mr. Suddaby sagt: »Ich fürchte, Miss Fozzard, dass wir uns heute zum letzten Mal sehen.« Offenbar hat dieser letzte Einbruch das Fass zum Überlaufen gebracht, und da Mrs. Suddabys Mutter nun endlich ins Altenheim geht und ihr Fernsehempfang immer so schlecht war, hält sie jetzt nicht mehr viel in Leeds, und sie machen sich nach Scarborough davon. Noch dazu hat Tina, ihr Chow-Chow, ein bisschen Arthritis bekommen, und da würde der Sandstrand sicher guttun, langer Rede kurzer Sinn: Sie haben sich eine kleine Doppelhaushälfte in der Nähe des Peasholme Park gekauft.

»Aber«, sagt Mr. Suddaby, »das spielt alles keine Rolle. Die wichtige Frage ist doch, Miss Fozzard, was machen wir mit Ihren Füßen? Sie kommen jetzt schon so lange zu mir, da möchte ich auf keinen Fall, dass Ihre Füße in die falschen Hände geraten.«

»Nun, Mr. Suddaby«, sagte ich, »ich dürfte mich sehr

glücklich schätzen, wenn ich wieder jemanden so Fähigen finden würde wie Sie, und noch dazu, wenn ich das sagen darf, mit Ihrem Sinn für Humor.« Denn es vergeht nur selten eine Sitzung, ohne dass wir über irgendwas lachen.

Er antwortete: »Miss Fozzard, die Welt der Podologie ist klein, ich war so frei, schon ein paar Telefonate zu tätigen, und ich bin auf zwei Möglichkeiten gestoßen. Eine davon ist eine junge Dame drüben in Roundhay, die sehr vernünftig sein soll, wie ich höre.«

»Eine Frau?«, habe ich gefragt. »Die Podologie betreibt? Ist das nicht ungewöhnlich?« – »Nein«, sagte er, »heutzutage nicht mehr. Die Schranken fallen in der Podologie genau wie anderswo. Das ist der Fortschritt, Miss Fozzard, unaufhaltsam, und Cindy Bickerton hat einen eigenen Fußpflegesalon.« – »Cindy?«, habe ich gefragt. »Klingt nicht gerade vertrauenerweckend. Klingt eher, als sollte sie Nägel lackieren und nicht behandeln.«

»Dann ist die Alternative wohl eher was für Sie«, sagte er. »Ich kenne Mr. Dunderdale zwar nicht persönlich, aber er hat die besten Referenzen. Er ist eigentlich schon im Ruhestand, nimmt aber immer noch gern ein paar ausgewählte Patienten an, damit er etwas um die Hand hat. Er wohnt allerdings draußen in Lawnswood, und wenn ich mich nicht sehr irre, sind Sie nicht motorisiert?« – »Kein Problem«, habe ich geantwortet, »da nehme ich einfach die Nummer 17. Die Linie fahre ich gern. Nein, wenn es Sie und die Gleichstellungsbehörde nicht stört, versuche ich es mit Mr. Dunderdale.« – »Eine kluge Wahl, glaube ich«, sagte er. »Erlauben Sie mir« (und er zwinkerte mir zu), »Ihren Füßen zum Abschied die Hand zu schütteln.«

Ich gehe schon seit Jahren zu Mr. Suddaby. Ich finde, die Investition lohnt sich, vor allem, wenn man wie ich eine Vorliebe für enganliegende Pumps hat (quetsch, quetsch). Mr. Suddaby liest mir immer die Leviten, aber er sagt auch: »Dies ist ein freies Land, Miss Fozzard. Wenn Sie sich auf ein Leben mit Hornhaut einrichten wollen, kann ich Sie nicht daran hindern.« Was dieser Mr. Dunderdale davon halten mag, wird sich herausstellen.

Als ich wieder nach Hause komme, hat Mrs. Beevers schon Hut und Mantel an, kann es gar nicht erwarten wegzukommen. Sagt, Bernard sitzt schon den ganzen Abend im Sessel und sieht fern. Sie hilft mir, ihn nach oben zu bringen, ich setze mich an sein Bett und berichte ihm, wie das Rehabilitationsprogramm vorschreibt, von meinem Tag.

Mr. Clarkson-Hall von der Neurologie sagt, wenn bei einem Patienten eine zerebrale Schädigung eingetreten ist, »laienhaft ausgedrückt, nach einem Schlaganfall, Miss Fozzard, dann muss man sich bemühen, ihn nicht wie ein Kind zu behandeln. Wenn Ihr Bruder seine geistigen Fähigkeiten wiedererlangen soll, dann ist es am besten, wenn er so viel Sprache wie möglich hört.«

Ich gebe gerade meine Unterhaltung mit Mr. Suddaby wieder, dass sie nach Scarborough übersiedeln, als Bernard plötzlich den Kopf zurückwirft und gähnt.

Heute Morgen habe ich Mr. Clarkson-Hall angerufen. Er meint, das ist ein Fortschritt.

Pause.

Ich vermisse meine Arbeit wirklich.

AUSBLENDEN.

Heute Abend suche ich gerade meine Sachen zusammen, um zu Mr. Dunderdale zu fahren, als Bernard ein kleines Malheur passiert und er es schafft, seinen gesamten Blaseninhalt über die ganze Treppe zu verteilen. Mrs. Beevers lässt sich Zeit mit dem Kommen, und erst als ich ihn saubergemacht und auf den Topf gesetzt habe, klingelt es endlich. Nur dass es gar nicht sie ist, sondern ein Ehepaar von der Kirchengemeinde, das wegen Ruanda da ist. »Vergessen Sie mal Ruanda«, sage ich, »vielleicht können wir uns erst mal um naheliegende Probleme kümmern und einen Mann mittleren Alters von der Toilette hieven?« Wir schaffen ihn also nach unten und manövrieren ihn in seinen Lieblingssessel, zehn Zentimeter vorm Bildschirm.

Als sie weg sind, sage ich: »Mit der Fernbedienung kannst du selbst umgehen; wird langsam Zeit, dass du dich daran erinnerst, wie man sich selbst den Hintern abwischt.« Nicht das kleinste Zucken. Da ist man bei einem Schlaganfall natürlich angeschmiert: Man weiß nie, was ankommt und was nicht.

Als Mrs. Beevers endlich antanzt, ist sie eine halbe Stunde überfällig, ich muss die ganze Dyneley Road hinauflaufen, und als ich dann bei Mr. Dunderdale klingele, bin ich ganz erhitzt und mir sehr bewusst, dass meine Füße womöglich transpirieren. Worauf er sagt: »Wenn Ihnen das Sorge macht, Miss Fozzard, dann kann ich Sie sogleich beruhigen, denn ich beginne meine Behandlung immer mit dem Auftragen eines sanften Adstringens.«

Eine sehr gepflegte Erscheinung, über siebzig, aber schönes volles Haar, und eins dieser großzügigen Häuser, von denen aus man das Cricketstadion sehen kann. Legt meine Füße auf ein großes Seidentuch, was ich sehr kultiviert fand; Mr. Suddaby hat immer die *Evening Post* vom Vortag genommen.

Er sagte: »Also, Miss Fozzard, ich brauche nur einen Blick auf diese Füße zu werfen und weiß, dass Sie viel Zeit darauf verbringen. Habe ich recht?« – »Haben Sie«, sagte ich. »Ich leite die Abteilung Inneneinrichtung bei Matthias Robinson's, oder vielmehr habe sie geleitet, bis mein Bruder krank wurde. Wenn Sie irgendwas in Cretonne suchen, sind Sie bei mir richtig.« – »Darauf komme ich womöglich zurück«, sagte er, »aber zunächst möchte ich Ihnen zu Ihrer Schuhwahl gratulieren.« Ich sagte: »Eigentlich halte ich aus Prinzip Abstand zu Wildleder, weil es ein bisschen viel Pflege erfordert, aber manchmal zahlt sich die Mühe mit der Gummibürste aus.« Er sagte: »Ich sehe schon, wir hängen der gleichen Philosophie an. Wenn ich darf, beginne ich mit dem Nägelschneiden.«

Dann sagte er: »Ich habe natürlich gleich bei Ihrem Eintreten bemerkt, dass Sie berufstätig sind.« – »Woran denn?«, fragte ich. »An Ihrer diskreten Accessoirewahl.« – »Ja, was Mode angeht, bevorzuge ich eine konservative Ausrichtung«, sagte ich, »klassisch, aber mit Pep, wenn Sie verstehen, was ich meine.« – »Aber ja doch«, sagte er. »Hier war eine Warze, aber die ist abgestorben. Wissen Sie, warum ich die Podologie als Beruf gewählt habe?« – »Nein.« – »Damit ich zu Füßen Tausender Frauen knien kann, ohne dass meine Frau etwas dagegen hat.« – »Ah«, sagte ich. »Es gibt also eine Mrs. Dunderdale?« – »Es gab eine«, sagte er. »Sie ist dahingegangen.«

Als er fertig war, rieb er meine Füße mit Mentholöl ein (offenbar aus Marokko) und sagte, es würde ganz leicht kribbeln, was gar nicht unangenehm war, und dann sagte er noch, meine Füße seien tipptopp in Schuss, der einzige Wermutstropfen ein womöglich drohender Pilzbefall zwischen zwei Zehen, auf die er ein wachsames Auge werfen wollte.

Er trug eine wunderschöne Strickjacke. »Ich hoffe, Sie entschuldigen meine Neugier«, sagte ich, »aber ist die Strickjacke aus Kaschmir?« – »Fein beobachtet, Miss Fozzard«, sagte er. »Die haben Sie heute zum ersten Mal gesehen, aber sicher nicht zum letzten Mal. Darf ich Ihnen ein Glas lieblichen Sherry anbieten?«

Stellt sich heraus, dass er im Kirchenvorstand von St. Wilfred ist, früher Präsident des Rotary Clubs und eine Säule der Gesellschaft, wie es aussieht. Als er mich zur Tür bringt, sagt er: »Wenn Sie sehr brav sind, werde ich Sie beim nächsten Mal in die Geheimnisse des Mittelfußgewölbes einweihen.«

Darüber dachte ich im Bus nach, und als ich Mrs. Beevers ihr Geld gab, sagte ich ihr, dass sie nicht mehr zu kommen brauche, weil ich wieder arbeiten wolle und mir daher eine Dauerkraft suchen müsse. Bernard hat ein bisschen was zur Seite gelegt, und wenn das jetzt nicht die schlechten Zeiten sind, was dann?

Er sah wieder fern, ich schaltete das Gerät aus und berichtete von meinem Abend, wie Mr. Clarkson-Hall mir aufgetragen hat. Er sah ein bisschen widerwillig aus, aber ich sagte ihm: »Bernard, vom Billard im Fernsehen hat noch niemand wieder sprechen gelernt.« Ich habe ihm von Mr. Dunderdale erzählt, vom drohenden Pilzbefall zwischen meinen Zehen, von der Kaschmirstrickjacke und allem anderen.

Wie sagt Mr. Clarkson-Hall? »Miss Fozzard, es spielt keine Rolle, was Sie sagen, solange es sich um Sprache handelt: Sprache ist wie lauter Bälle, die aus verschiedenen Richtungen auf einen zufliegen.« Und es funktioniert tatsächlich. Ich hatte ihn ins Bett gebracht und wollte gerade die Tür zumachen, da hörte ich ihn sein erstes Wort sagen. Ich glaube, es war »Kuh«.

Als ich Mr. Clarkson-Hall anrief und es ihm erzählte, fragte er: »Wieso Kuh?« – »Wahrscheinlich irgendeine Werbung im Fernsehen«, sagte ich.

Aber er war ganz meiner Meinung: ein Durchbruch.

AUSBLENDEN.

Heute war es ein klein wenig wärmer, also dachte ich mir, wenn ich meinen senfgelben Regenmantel anziehe, kann ich dazu die uralten, vorn offenen Sandalen tragen, die seit letztem Sommer nicht mehr an der Luft waren, als ich mit Joy Poyser eine kleine Spritztour nach Whitby gemacht habe.

Und Mr. Dunderdale konnte sich gar nicht wieder einkriegen. Sagte, so ein Paar habe er seit fünfzehn Jahren nicht mehr gesehen, und mit dem stützenden Fußbett und der ungehinderten Belüftung durch die offene Spitze sei das wohl der vernünftigste Schuh, der je ersonnen wurde.

Ließ mich damit im Zimmer auf und ab gehen und hätte mich sogar fotografiert, nur konnte er seine Polaroid nicht finden. Ich nehme sie aber nächstes Mal wieder mit, damit wir das nachholen können.

Er möchte, dass ich alle vierzehn Tage komme, bis die Behandlung meines *tinea pedis* anschlägt, aber er will nicht mehr Honorar verlangen, und weil ich ja wieder arbeite und Miss Molloy sich um Bernard kümmert, ist das auch kein Problem.

»Nennen Sie mich Mallory«, hatte sie gesagt. »Mallory? Was ist denn das für ein Name? Da wüsste ich gar nicht, ob es Mann oder Frau ist.« – »Ich bin Australierin.« Kräftiges Mädchen, sehr fähig. Und ausgebildete Krankengymnastin mit Diplom in Krankenpflege. Ist zwar australische Krankenpflege, aber ich nehme an, die ist genau so wie unsere, nur ohne das Schreckgespenst Unterkühlung.

Im Idealfall wäre mir jemand Älteres lieber gewesen oder zumindest jemand weniger Junges, aber wir wurden auch nicht gerade von Bewerbern überschwemmt, was mich etwas überraschte, weil ich dachte, das wäre doch ein hübscher Nebenverdienst für Rentner, obwohl sie natürlich körperlich fit sein müssten. Sie schmeißt Bernard durch die Gegend wie ein Daunenkissen. Kommt ursprünglich aus Hobart in Tasmanien; ich nehme an, England bietet mehr Beschäftigung auf dem Pflegesektor als der Busch. Und sie und Bernard haben sich anscheinend gleich verstanden, sie sagt, sie mag seinen Humor. »Ist mir ja völlig neu«, habe ich zu Joy Poyser gesagt. »Wusste gar nicht, dass er einen hat.«

Ich habe Mr. Dunderdale die ganze Schlaganfallsaga erzählt, als er gerade ein Stückchen Hornhaut bearbeitete.

»Was hat Bernard denn gearbeitet, Miss Fozzard?«, fragte er. »Um ehrlich zu sein, Mr. Dunderdale, er war Mörder«, sagte ich. »Ach«, sagte er. »Das ist ja ungewöhnlich.« Ich sagte: »Na ja, er war Tabakhändler, was aufs Gleiche hinausläuft. Süßigkeiten und Tabakwaren, ein kleiner Kiosk in Headingley.« – »Oh ja, Tabak und Süßigkeiten«, sagte er, »das ist eine tödliche Kombination.« – »Er hat geraucht, war übergewichtig und hat gern einen getrunken«, sagte ich. »Ich weiß, übermäßige Sorgen können auch ein Grund sein, aber wie ich schon zu Mr. Clarkson-Hall sagte, Sorgen hat er sich nie gemacht. Aber jetzt muss er natürlich dafür bezahlen. Die Ungerechtigkeit ist bloß, dass ich mitbezahlen muss.«

Mr. Dunderdale schaute von den Füßen hoch und sagte: »Ja (er hatte meinen Fuß in der Hand), wenn es dreizehn Jünger gegeben hätte und nicht bloß zwölf, dann wären Sie dabei gewesen, Miss Fozzard.«

Diesmal ein grünes Seidentuch. Letzte Woche war es rot.

Aber so langsam kommen die Worte wieder, gar kein Zweifel, und wenn er mal nicht auf ein Wort kommen kann, dann lasse ich ihn machen, was Mr. Clarkson-Hall vorgeschlagen hat, nämlich es beschreiben, es umgehen sozusagen. Miss Molloy lässt ihn auch umschreiben und sagt, auf die eine oder andere Art kommen sie gut klar. Sie badet ihn jeden Tag und reibt ihn mit Babyöl ein, sie meint nämlich, beim Wundliegen ist Vorbeugen besser als Heilen.

Abends gehe ich immer noch zu ihm rein und berichte ihm meine Neuigkeiten. Mr. Dunderdale hatte gesagt, es sei doch schade, dass die Evolution so verlaufen sei, wie sie eben verlaufen ist, denn wenn sie anders verlaufen wäre, würden wir vielleicht unsere Füße genauso gut nutzen können wie unsere Hände, und bei der derzeitigen wirtschaftlichen Lage wäre das doch vielleicht genau das Richtige. Miss Molloy meinte: »Das ist ja interessant«, aber Bernard stöhnte bloß.

Mich persönlich überrascht es ja ziemlich, dass sie es mit ihm aushält, aber sie meint, für australische Verhältnisse ist er ein Gentleman.

Ich höre sie lachen.

AUSBLENDEN.

In der Inneneinrichtung geht es immer ein bisschen langsam los, darum schlendere ich meist erst mal rüber zur Auslegeware und plaudere mit Estelle Metcalf. Schöner wäre, wenn die Haushaltswaren neben uns lägen, dann wäre es nämlich Joy Poyser, denn Estelle ist zwar ganz in Ordnung, aber ein bisschen jung, große Brille und so, ihr Freund ist einer von diesen Leuten, die am Wochenende historische Schlachten nachspielen, die Rundköpfe gegen die Kavaliere und dergleichen.

Heute Morgen sage ich zu ihr: »Shiatsu.« – »Wie bitte?«, fragt sie. »Shiatsu, was ist das wohl?«, frage ich. »Ein Tropenfisch?«, sagt sie. »Nein«, sage ich. »Vielleicht ein Pilz?«, sagt sie. »Nein«, sage ich. »Was von Mr. Dunderdale?«, fragt sie. »Wieso denn von Mr. Dunderdale?«, sage ich. »Weil bei Ihnen in letzter Zeit das meiste von Mr. Dunderdale kommt.« – »Das habe ich überhört, Estelle«, sage ich. »Nur so viel: Es ist eine Art der Massage, die sich verschiedener Druckpunkte am Körper bedient und von den Japanern erfunden wurde.« Darauf sie: »Das ist ja schön und gut, hat sie aber auch nicht daran gehindert, Pearl Harbour zu überfallen, oder?« Ihr Neville belagert am Sonntag York und probiert seine neue Brustplatte aus. Estelle fährt mit und spielt eine um Gnade flehende Hausfrau, die mit einer weißen Flagge aus der Stadt kommt.

In dem Augenblick kommt eine Kundin, die Überwürfe aus Seersucker sucht, und wir müssen unser Gespräch abkürzen. Ich rede doch nicht nur über Mr. Dunderdale. Und wenn doch, dann redet sie nur über Oliver Cromwell.

Ich gehe jetzt wöchentlich hin, obwohl Mr. Dunderdale immer noch nicht mehr Honorar fordert. Ich saß auf dem Sofa, während er seine Geräte wegräumte, und sagte: »Gute Nachrichten, Miss Fozzard. Den Fußpilz haben wir anscheinend besiegt, keine Spur mehr zu sehen. Ich glaube, darauf sollten wir noch mal einen Sherry nachschenken. Oder haben Sie es eilig?« – »Nein«, sagte ich, »wieso?« – »Na ja«, sagte er, »wir haben noch ein bisschen Zeit, und ich frage mich, ob ich Sie wohl überreden kann, ein Paar Stiefel anzuprobieren?« – »Stiefel?«, fragte ich.

Darauf erklärte er: »Stiefel im weitesten Sinn. Die korrekte Bezeichnung wäre ein mit Fell gefütterter Derby-Halbstiefel aus Schrumpfleder, aber Stiefel ist eine hilfreiche Abkürzung. Die Farbe heißt Bengalisch Bronze.« Ich sagte: »Es sind jedenfalls wunderschöne Schuhe.« – »Ja«, sagte er. »Warm und bequem, liegen schön an der Fessel, bilden einen herrlichen Abschluss für das Bein. Sind natürlich ein Geschenk.« – »Aber Mr. Dunderdale«, sagte ich, »das kann ich nicht annehmen.« – »Ich bitte Sie, Miss Fozzard«, sagte er. »Meine Kontakte in die Welt der Fußbekleidung gestatten mir beträchtliche Rabatte. Außerdem können Sie mir im Gegenzug einen kleinen Gefallen tun.« – »Ach ja?«, sagte ich. »Ja«, sagte er. »Das jahrelange Beugen über Damenfüße hat zu einer gelegentlich schmerzhaften Fehlstellung im Lendenwirbelbereich geführt, die Sie, wenn Sie so freundlich sein wollen, die Macht zu lindern haben.« »Habe ich tatsächlich, Mr. Dunderdale?«, fragte ich. »Haben Sie, Miss Fozzard«, antwortete er. »Ich werde ein Kissen hier auf den Kaminvorleger platzieren, ein zweites hier für den Unterbauch, dann werde ich mich hinlegen, und nun möchte ich, dass Sie auf meine Lendenwirbel steigen.« »Soll ich zuerst die Stiefel ausziehen?«, fragte ich. »Nein, nein«, sagte er. »Lassen Sie die Stiefel an – ihre Sohlenfläche macht sie geradezu ideal für diesen Zweck. So ist es gut. Wenn Sie mögen, können Sie am Kaminsims das Gleichgewicht halten.«

Dann sagte er noch etwas, was ich nicht hören konnte, weil er das Gesicht in den Teppich drückte. »Wie war das, Mr. Dunderdale?« – »Ich habe ›Hervorragend‹ gesagt, Miss Fozzard. Sie können sich auch ein wenig hin und her bewegen, wenn Sie wollen.« – »Aber ich möchte Ihnen nicht wehtun, Mr. Dunderdale«, sagte ich. »Darum brauchen Sie sich keine Sorgen zu machen, Miss Fozzard«, sagte er. »Trampeln Sie nur.« Ich sagte: »Ich komme mir vor wie so ein französischer Bauer, der Trauben stampft.« – »Ja«, sagte er. »Ja, ja.« Ich fragte: »Merken Sie schon, ob es besser wird?« – »Ja«, sagte er, »oh ja. Vielen Dank. Wenn Sie nichts dagegen haben, Miss Fozzard, bleibe ich einfach noch eine Weile hier liegen. Vielleicht finden Sie ja allein zur Tür?«

Also ließ ich ihn einfach auf dem Kaminvorleger liegen.

Als ich nach Hause komme, sitzt Bernard mit Miss Molloy auf dem Sofa, und beide sind ein bisschen errötet. »Wir haben gerade gelacht«, sagt Miss Molloy, »weil Bernard ein Wort nicht eingefallen ist.« – »Dann muss er lernen«, sage ich, »einen Weg drum herum zu finden, bis er's trifft.« – »Oh, das hat er«, sagt sie. »Darin bist du doch Experte, was, Bernard?« Und beide brechen wieder in Gelächter aus.

Mr. Clarkson-Hall ist sehr zufrieden. Sagt, eine so schnelle Genesung hat er noch nie erlebt. Und dass er zwar nicht das Vergnügen hatte, Bernard vorher zu kennen, aber sich vorstellen kann, dass er wieder ganz der Alte ist. »Jawohl«, sage ich, »das ist er.«

Als Miss Molloy gegangen ist, kommt er ins Wohnzimmer, während ich mein Heißgetränk nehme, und sagt, er überlege, den Kiosk wieder aufzumachen, und Mallory werde ihm dabei helfen. »Hat Miss Molloy denn Erfahrung mit Süßigkeiten und Tabakwaren?«, frage ich. »Nein«, sagt er, »aber sie ist ein lebenslustiges Mädchen mit einem einnehmenden ›Wie-heißt-das-noch‹, und das ist schon die halbe Miete.«

Heute Morgen kam ein Brief von Mr. Dunderdale, dass es seinem Rücken viel besser geht und er sich schon freut, mich nächste Woche wiederzusehen.

Estelle hat auch Rückenbeschwerden, Nachwehen eines Wochenendes, als sie mal einen herrenlosen Schlachtspieß schwingen musste, bei der Schlacht von Naseby. Ich habe ihr also haargenau berichtet, wie ich Mr. Dunderdale mit seinen Rückenschmerzen geholfen habe, aber sie war kein bisschen dankbar. Hat bloß gekichert und gesagt: »Oho, stille Wasser!«

In der Auslegeware sollten sie doch eigentlich jemand Reiferen haben. Sie gehört in die Kosmetikabteilung.

AUSBLENDEN.

Ich weiß gar nicht, was in die Leute auf der Arbeit gefahren ist. Heute Morgen komme ich rein, und der Portier am Mitarbeitereingang, der mit dem Schnauzbart, sagt plötzlich zu mir: »Einen schönen Tag wünsche ich, Schätzchen.« Darauf antworte ich: »Auch wenn Sie nur einen Arm haben, Mr. Capstick, gibt Ihnen das noch lange nicht das Recht, mir den Hintern zu tätscheln.« Kurz darauf schreibe ich im Versand Rechnungen für abnehmbare Bezüge, als einer der Praktikanten – kann nicht älter als sechzehn sein – mir so albern zuzwinkert.

Ich sage zu Estelle: »Mein Viyella-Kostüm ruft normalerweise nicht solche Reaktionen hervor.« – »Die wollen doch bloß freundlich sein«, sagt sie. »Freundlich?«, sage ich. »Estelle, ich bin vielleicht keine Feministin (auch wenn ich damals an vorderster Front für die Aufstellung von Duftschälchen auf der Damentoilette gekämpft habe), aber niemand tätschelt ungestraft meinen Hintern.« – »Aber, aber«, sagt Estelle, »den Schuh müssen Sie sich doch nicht anziehen«, und fängt an zu kichern. »Also, wie sie irgendwen ernsthaft für PVC-Fußböden interessieren will«, habe ich zu Joy Poyser gesagt, »ist mir ein Rätsel.«

Als ich nach Hause komme, ist das ganze Haus dunkel. Ich vermute, sie sitzen beide miteinander im Wohnzimmer, aber als ich rufe, bleibt es mucksmäuschenstill. Also mache ich mir einen Tee und lese die *Evening Post.* Ist ganz schön, das Haus zur Abwechslung mal für sich allein zu haben.

Dann gehe ich ins Wohnzimmer, und da sitzt Bernard im Dunkeln. Ich knipse das Licht an, und er hat einen Atlas in der Hand. »Was sitzt du denn hier im Dunkeln?«, frage ich. »Ich suche die Malediven«, sagt er. »Und wieso?«, frage ich. »Du willst doch wohl nicht in Urlaub fahren?« – »Bestimmt nicht«, sagt er. »Wie soll ich auch in Urlaub fahren, verdammt? Wovon denn?« Und er schiebt mir einen Kontoauszug hin.

Ich habe das Gefühl, er hat geweint, und ich weiß nicht recht, wo ich mich hinsetzen soll, also setze ich den Wasserkessel wieder auf, während ich mir den Kontoauszug genau anschaue. Es ist praktisch nichts mehr da, fast jeden Tag wurde Geld abgehoben. »Was ist das denn?«, habe ich ihn gefragt. »Das Flittchen aus Hobart«, sagte er. »Miss Molloy?«, sagte ich. »Aber die ist doch anerkannte Krankengymnastin.« – »Genau«, sagte er, »aber sie betreibt noch ein anderes – wie heißt das noch – Gewerbe … waagerecht … ?«

»Hast du diese Schecks unterschrieben?«, habe ich gefragt. »Natürlich«, sagte er. »Und wieso das? Wolltest du schreiben üben?« – »Nein«, sagte er. »Und wo ist sie jetzt?«, habe ich gefragt. »Auf den Malediven, wo ich eigentlich sein wollte«, sagte er. »Wir müssen die Polizei einschalten«, habe ich gesagt. »Das ist doch Betrug, so was.« – »Nein, ist es nicht«, sagte er. »Was hast du denn geglaubt, wofür diese Schecks sind?«, habe ich gefragt. »Ich habe gewusst, wofür sie sind«, sagte er. »Für geleistete Dienste. Und damit meine ich nicht, dass sie mich aufs Dingsda gehoben und wieder runtergehievt hat. Sondern andere Sachen, die sie für mich gemacht hat.« – »Aber was denn für Sachen?«, habe ich gefragt. »Du weißt schon«, hat er gesagt.

»Denk dran, was Mr. Clarkson-Hall gesagt hat, Bernard«, sage ich. »Versuch das Wort zu umschreiben.« – »Ich muss das Scheißwort nicht umschreiben«, sagt er. »Ich kenne das Wort. Aber du nicht. Du weißt ja gar nichts, verdammt.« – »Na, eins sehe ich jedenfalls«, sage ich. »Trotz deines Schlaganfalls scheinen dir die Schimpfwörter nicht entfallen zu sein.« – »Scheiße, da hast du ganz Recht.«

Ich habe ihm Tee gekocht und gesagt: »Du hast dich zum Narren machen lassen.« – »Du hast gut sprechen«, hat Bernard geantwortet. »Ich habe gut reden, meinst du wohl. Sprechen kann ich nämlich. Der Ausdruck heißt ›Du hast gut reden‹. Aber wieso eigentlich?« – »Was du da mit deinem Fußberigel treibst«, sagte er. »Mr. Dunderdale?«, habe ich gesagt. »Was hat der denn damit zu tun?« – »Diese komischen kleinen Spielchen und all das. Der ist doch offensichtlich ... na ...« – »Na was?« – »Na ... Dingens.« – »Du musst es umschreiben, Bernard. Es umgehen.« – »Umgeh es doch selbst, du dumme ... vier Beine, zwei Hörner, gibt Milch«, sagte er. »Kuh«, sagte ich. »Das fällt dir normalerweise ein.«

Als ich Joy Poyser davon erzählte, meinte sie: »Warum hast du ihm auch von dem Fußpfleger erzählt?« – »Mr. Clarkson-Hall hat gesagt, ich soll mit ihm reden«, habe ich gesagt. »Das gehört zur Therapie.« – »Aber nicht zur Therapie von Estelle Metcalf, oder?«, sagte Joy Poyser. »Der hast du es auch erzählt. Und die hatte keinen Schlaganfall.« Offenbar hat sie es im ganzen Kaufhaus verbreitet.

Ich bin jedenfalls nach oben gegangen und habe ihn heulend mit seinem Atlas sitzen lassen, und dann habe ich von oben plötzlich ein dumpfes Geräusch gehört. »Bernard?«, habe ich gerufen. »Bernard?«

Pause.

»Bernard!«

AUSBLENDEN.

Estelle hat sich gestern in die Inneneinrichtung getraut. Zum ersten Mal seit einer Woche. Wollte wohl mal das Klima testen. Hat mir erzählt, dass Neville am Sonntag an der Schlacht von Marston Moore teilnimmt. Sie fährt mit und spielt eine Marketenderin, aber sie brauchen auch noch ein paar abgerissene Matronen bei den Rundköpfen, ob ich Interesse hätte? »Das ist sehr freundlich, Estelle, aber ich glaube, es ist ratsamer, wenn ich mich ein bisschen zurückhalte.«

Die Leute wollen einfach nicht glauben, dass man ein richtiges Leben hat. Oder es soll jedenfalls bloß das Leben sein, das sie kennen. Und wenn sie es dann herausfinden, sind sie schockiert. Oder amüsiert. Ich hatte nie das Gefühl, ein eigenes Leben zu haben. Das hatte immer nur Bernard.

Diesmal ist es schlimmer als beim letzten Mal. Da ist er einem wenigstens noch mit Blicken gefolgt. Jetzt nicht mehr. Wie ein Stück Holz. Aber sonst gilt das Gleiche. Mit ihm reden. Ihn wie einen Menschen behandeln. Dabei hat er mich nie wie einen Menschen behandelt. Und die feine Dame liegt auf den Malediven am Strand. Ich habe ihn auf dem Kaminvorleger gefunden. Zehn Zentimeter weiter, und er wäre mit dem Kopf aufs Kamingitter geknallt. Glück gehabt.

Ich hatte an Mr. Dunderdale geschrieben und alle weiteren Termine abgesagt. Ich hatte nicht geschrieben, wieso, bloß dass es Bernard wieder schlechter gehe und es darum nicht mehr einzurichten sei. War es ja auch nicht.

Es war also alles wie vorher, ich passte auf Bernard auf und übernahm so hier und da kleine Arbeiten, ich hatte ganz vergessen, wie lang ein Abend sein kann.

Jedenfalls komme ich eines Abends von der Arbeit nach Hause, da hält so ein großes bräunliches Auto neben mir, das Fenster geht runter, und wer sitzt drin? Mr. Dunderdale.

»Guten Abend, Miss Fozzard«, sagt er. »Kann ich Sie dazu verführen, mit nach Lawnswood zu kommen? Ich würde gern ein wenig plaudern.« Ich sage: »Können wir nicht hier plaudern?« – »Nein«, sagt er, »nicht so, wie ich gern plaudern möchte. Ich stehe hier im Halteverbot.« Also steige ich ein, und er fährt mich zu sich nach Hause, und man kann ja über ihn sagen, was man will, aber er fährt hervorragend Auto.

Er setzt mich also in sein Arbeitszimmer, schenkt mir ein Glas Sherry ein und fragt, wieso ich nicht mehr zu ihm kommen will. Also, ich wusste gar nicht, was ich sagen sollte. »Es ist ja nicht so, dass ich mich nicht auf unsere Treffen freuen würde«, sage ich. »Nun, meine Liebe, ich freue mich auch darauf«, sagt er. »Aber weil ich jetzt wieder Bernard pflegen muss«, sage ich, »kann ich mir Ihr Honorar nicht mehr leisten.«

Darauf sagt er: »Darf ich einen Vorschlag machen? Wieso kehren wir das Arrangement nicht um?« – »Wie bitte?«, frage ich. »Wir machen es umgekehrt«, sagt er. »Ich bezahle Sie.« – »Das ist aber sehr ungewöhnlich«, sage ich. »Sie sind ja auch eine sehr ungewöhnliche Frau«, sagt er. »Bin ich das?«, frage ich ihn. »Wieso denn?« – »Weil Sie ein freier Geist sind, Miss Fozzard«, sagt er. »Sie stellen Ihre eigenen Regeln auf.« – »Ja, das denke ich auch gern«, sage ich. »Ich bin genauso«, sagt er. »Wir sind aus dem gleichen Holz geschnitzt, Sie und ich, Miss Fozzard. Wir sind eigensinnig. Haben Sie schon mal Champagner getrunken?« »Nein«, sage ich. »Aber ich habe schon gesehen, wie man es am Ende von Autorennen tut.« – »Dann gestatten Sie mir«, sagt er. »Auf die Zukunft?«

Es ist alles ganz züchtig. Oft macht er uns nur ein Heißgetränk, und wir sitzen auf dem Sofa und blättern eins seiner vielen Bücher zu dem Gebiet durch oder unterhalten uns über verwandte Themen. Neulich habe ich mal erwähnt, ich hätte gelesen, dass Imelda Marcos sehr viele Schuhe gehabt habe. »Hatte sie wahrlich«, sagte er. »Und die Weltöffentlichkeit hat sie dafür scharf verurteilt, doch in meinen Augen zu Unrecht, Miss Fozzard.«

Wenn ich gehe, liegt auf dem Tisch im Flur ein kleiner Umschlag, der nie erwähnt wird, und wenn es zu außerordentlichen Gefälligkeiten gekommen ist, ist auch ein wenig mehr drin. Er kauft mir jede Menge Schuhe, auch andere Fußbekleidung. Ich frage mich die ganze Zeit, wo das alles enden soll, aber über diese Planke laufen wir erst, wenn wir dort sind.

Ich war nie besonders gut darin, Dinge zu beeinflussen.

Ich habe immer geglaubt, die Dinge passieren, oder sie passieren nicht. Was meistens heißt, dass sie nicht passieren. Aber jetzt sind sie doch passiert … sozusagen.

Bernard kriegt jetzt einen Pflegezuschuss, und damit und mit den Umschlägen von Mr. Dunderdale kann ich wieder arbeiten und jemanden bezahlen, der sich um ihn kümmert. Einen Mann diesmal. Mr. Albright. Rentner. Ist froh, was zu tun zu haben. Anständiger kleiner Bursche, interessiert sich sehr für Eisenbahnen und meint, er könnte Bernard in die Geheimnisse des Schachspiels einweihen. Aber natürlich muss Mr. Albright für Schwarz *und* Weiß ziehen.

Einmal habe ich zu Mr. Dunderdale gesagt: »Die Leute könnten dies hier sehr eigenartig finden, gerade in Lawnswood.« Worauf er antwortete: »Dann lägen die Leute aber falsch. Wir sind einfach Enthusiasten, Miss Fozzard, Sie und ich, und es gibt heutzutage in der Welt viel zu wenig Enthusiasmus. Wenn also diese Gummistiefel gut sitzen, dann möchte ich Sie bitten, damit ganz gemächlich, so langsam Sie mögen, ein wenig auf meinem Hinterteil zu spazieren.«

Manchmal macht er dazu Musik an. Einmal habe ich bemerkt: »Dann ist es ja beinahe so was wie Aerobic.« – »Wenn Sie wollen«, hat er gesagt.

Es ist komisch, aber die Einzigen, die unter diesem Arrangement zu leiden haben, sind meine Füße, denn die eigentliche Fußpflege kommt neuerdings ein bisschen kurz. Wenn ich mal eine gründliche Wartung haben möchte, muss ich richtig streng werden.

Wir nennen uns immer noch Mr. Dunderdale und Miss

Fozzard, und ich habe zu keiner Menschenseele auf der Arbeit ein Wort gesagt. Da habe ich meine Lektion gelernt.

Aber jedenfalls sagen mir die Leute dauernd, wie gut ich aussehe.

Pause.

Ich nehme an, es gibt ein Wort für das, was ich tue, aber … ich umgehe es.

AUSBLENDEN.

Jerome K. Jerome

Die Widerborstigkeit von Teekesseln

Harris und ich mutmaßten allmählich, dass auch die Schleuse von Bell Weir auf diese Art entfernt worden sei. George hatte uns nach Staines hinaufgezogen, dort hatten wir das Boot übernommen, und es kam uns so vor, als ob wir fünfzig Tonnen hinter uns herschleppten und vierzig Meilen marschiert seien. Es wurde halb acht, als wir hindurch waren, und wir stiegen alle ein, ruderten nah ans linke Ufer und suchten eine Stelle, wo wir festmachen konnten.

Ursprünglich wollten wir weiter bis zur Magna-Charta-Insel, wo sich der Fluss besonders anmutig durch ein sanftes grünes Tal schlängelt, und dann in einer der vielen malerischen Buchten rings um dieses kleine Gestade kampieren. Aber irgendwie empfanden wir längst keine so große Sehnsucht nach dem Pittoresken wie früher am Tag. Ein bisschen Wasser zwischen einem Kohlenkahn und einem Gaswerk hätte uns für diese Nacht vollauf genügt. Wir wollten keine Landschaft sehen. Wir wollten zu Abend essen und schlafen gehen. Aber wir ruderten bis zur Landspitze – Picnic Point heißt sie –, in eine sehr hübsche Bucht unter einer großen Ulme, an deren ausladenden Wurzeln wir das Boot festmachten.

Dann wollten wir eigentlich unser Abendessen einnehmen (den Nachmittagstee hatten wir ausgelassen, um Zeit zu sparen), aber George sagte Nein; wir sollten lieber erst die Plane aufziehen, ehe es ganz dunkel wurde und wir nicht mehr sehen konnten, was wir taten. Dann, sagte er, hätten wir alle Arbeit erledigt und könnten uns guten Gewissens zum Essen niederlassen.

Diese Plane verlangte mehr Arbeit, als wir alle erwartet hatten. Theoretisch sah es ganz einfach aus: Man nehme fünf eiserne Bögen, wie riesige Krockettore, befestige sie am Boot, ziehe die Plane darüber und zurre sie fest. Es würde gut zehn Minuten dauern, dachten wir.

Das war eine Fehleinschätzung.

Wir nahmen die Bögen und begannen sie in die dafür vorgesehenen Halterungen zu stecken. Man sollte nicht meinen, dass es eine gefährliche Arbeit ist, aber wenn ich jetzt zurückblicke, scheint es mir wie ein Wunder, dass von uns überhaupt noch einer lebt, der die Geschichte erzählen kann. Das waren keine Bögen, das waren Dämonen. Zuerst wollten sie partout nicht in die vorgesehenen Fassungen passen, und wir mussten auf ihnen herumspringen, sie treten und mit dem Bootshaken auf sie einhämmern; und als sie drinnen waren, stellte sich heraus, dass es die falschen Bögen für diese speziellen Fassungen waren, also mussten sie wieder heraus.

Das wollten sie aber nicht, ehe wir nicht zu zweit fünf Minuten lang mit ihnen gerungen hatten; dann sprangen sie plötzlich heraus und wollten uns ins Wasser werfen und ertränken. Sie hatten Scharniere in der Mitte, und wenn wir nicht hinsahen, zwickten sie uns damit in empfindsame Körperteile; und während wir mit der einen Seite des

Bogens rangen und versuchten, ihn zur Erfüllung seiner Pflicht zu nötigen, kam die andere Seite feige von hinten an und schlug uns auf den Kopf.

Endlich hatten wir sie dann doch befestigt, und nun blieb nur noch, die Plane darüberzuspannen. George entrollte sie und befestigte ein Ende am Bug. Harris stand in der Mitte, um sie von George zu übernehmen und zu mir weiterzurollen, und ich blieb im Heck, um sie in Empfang zu nehmen. Es dauerte lange, bis sie mich erreichte. George erledigte seinen Teil ganz gut, aber für Harris war die Arbeit neu, und er verpfuschte alles.

Wie er es schaffte, konnte er selbst nicht erklären, aber auf irgendeine geheimnisvolle Weise gelang es ihm nach zehn Minuten übermenschlicher Anstrengung, sich komplett darin zu verfangen. Er war so fest darin verwickelt, verzurrt und verpackt, dass er nicht mehr herauskam. Er zappelte natürlich heftig, um die Freiheit – das Geburtsrecht eines jeden Engländers – zu erlangen, und während er dies tat (das erfuhr ich später), warf er George um. Dann begann George, der Harris verfluchte, ebenfalls zu zappeln, verwickelte sich seinerseits und wurde eingerollt.

Ich wusste die ganze Zeit über nichts davon. Ich selbst hatte keine Ahnung von der ganzen Sache. Man hatte mir gesagt, ich solle stehen bleiben und warten, bis die Plane zu mir käme, und Montmorency und ich standen da und warteten, treu wie Gold. Wir konnten sehen, wie die Plane heftig hin und her gezerrt und geschleudert wurde, aber wir dachten, das sei Teil der Prozedur, und mischten uns nicht ein.

Wir hörten auch einiges an erstickten Kraftausdrücken

darunter hervorkommen und nahmen an, dass ihnen die Arbeit ziemlich mühsam erschien, worauf wir beschlossen zu warten, bis alles ein bisschen einfacher geworden wäre, bevor wir uns einschalteten.

Wir warteten einige Zeit, aber alles schien nur immer verwickelter zu werden, bis schließlich Georges Haupt sich über der Bordkante herauswühlte und zu sprechen anhub.

Es sagte: »Leih uns hier doch mal eine Hand, du Blödmann; stehst da wie eine ausgestopfte Mumie, wo du doch siehst, dass wir beide hier ersticken, Dussel!«

Einem Hilferuf konnte ich noch nie widerstehen, deshalb griff ich ein und befreite sie; ich kam auch keineswegs zu früh, denn Harris war schon fast schwarz im Gesicht.

Danach kostete es uns eine halbe Stunde harter Arbeit, bis die Plane endlich richtig angebracht war. Anschließend machten wir klar Schiff und kramten das Abendessen hervor. Wir setzten im Bug den Wasserkessel auf, schlenderten zum Heck und taten, als nähmen wir keine Notiz von ihm, sondern machten uns daran, die anderen Sachen herauszuholen.

Das ist die einzige Methode auf dem Fluss, einen Kessel zum Kochen zu bringen. Wenn er sieht, dass man besorgt darauf wartet, wird er niemals singen. Man muss weggehen und die Mahlzeit beginnen, als ob einem an Tee überhaupt nichts läge. Man darf sich nicht einmal nach ihm umblicken. Dann wird man ihn bald vor sich hin sprudeln hören, ganz begierig darauf, in Tee verwandelt zu werden.

Ein weiteres gutes Verfahren, wenn man es eilig hat, besteht darin, einander sehr laut zu erzählen, dass man überhaupt keinen Tee braucht und bestimmt keinen trinken wird. Man nähert sich dem Kessel, sodass er alles hören kann, und dann brüllt man: »Ich will gar keinen Tee, du etwa, George?«, worauf George zurückbrüllt: »Ach was, ich mag keinen Tee, wir trinken lieber Limonade – Tee ist so schwer verdaulich.« Sogleich kocht der Kessel über und löscht die Gasflamme.

Wir nutzten diesen harmlosen kleinen Trick, mit dem Ergebnis, dass der Tee schon wartete, als alles andere fertig war. Dann entzündeten wir die Laterne und setzten uns zum Abendessen.

Dieses Essen brauchten wir aber auch.

Fünfunddreißig Minuten lang war im ganzen Boot kein Laut zu hören außer dem Klirren von Besteck und Geschirr und dem stetigen Malmen von vier Sätzen Backenzähne. Nach fünfunddreißig Minuten sagte Harris: »Ah!«, streckte das linke Bein aus und zog das rechte unter sich.

Fünf Minuten danach sagte George ebenfalls »Ah!« und warf seinen Teller ans Ufer; drei Minuten später gab Montmorency das erste Zeichen von Zufriedenheit von sich, seit wir aufgebrochen waren, rollte sich auf die Seite und streckte die Beine aus; dann sagte ich »Ah!«, ließ den Kopf zurücksinken und knallte gegen einen der Bögen, aber das machte mir nichts aus. Ich habe nicht einmal geflucht.

Wie gut man sich fühlt, wenn man satt ist – wie zufrieden mit sich und der ganzen Welt! Leute, die es ausprobiert haben, behaupten, ein gutes Gewissen mache einen sehr froh und zufrieden; ein voller Magen erledigt das aber ebenso gut, und er ist billiger und leichter zu haben. Man fühlt sich so nachsichtig und großherzig nach einem reichhaltigen Mahl – so edelmütig, so mildtätig.

Es ist etwas Seltsames, diese Herrschaft der Verdauungsorgane über unseren Intellekt. Wir können nicht arbeiten, wir können nicht denken, wenn unser Magen es nicht will. Er diktiert uns unsere Emotionen und unsere Leidenschaften. Nach Eiern mit Schinken sagt er: »Arbeite!« Nach Beefsteak und Porter sagt er: »Schlafe!« Nach einer Tasse Tee (zwei Löffel pro Tasse, und nicht länger als drei Minuten ziehen lassen) sagt er zum Gehirn: »Jetzt erhebe dich und zeige deine Stärke. Sei beredt, tiefschürfend und zart, betrachte mit klarem Auge die Natur und das Leben, breite deine weißen Schwingen pulsierender Gedanken aus und steige als gottgleicher Geist über die wirbelnde Welt unter dir empor, zwischen langen Reihen flammender Sterne hinauf zu den Toren der Ewigkeit!«

Nach heißen Muffins sagt er: »Sei dumpf und seelenlos wie ein Tier des Feldes – ein hirnloses Tier mit mattem Auge, unerleuchtet von jeglichem Strahl der Fantasie, der Hoffnung, der Furcht, der Liebe oder des Lebens.« Und nach Brandy, eingenommen in ausreichender Menge, sagt er: »Nun komm schon, du Narr, grinse und taumle, damit deine Mitmenschen lachen können – sabbere dummes Zeug, lalle sinnlose Laute und zeig, was für ein hilfloser Tropf ein armer Mensch ist, dessen Witz und Wille wie Kätzchen nebeneinander in einem halben Zoll Alkohol ertränkt wurden.«

Wir sind wahrlich nichts als die erbärmlichsten Sklaven unseres Magens. Strebt nicht nach Moral und Rechtschaffenheit, meine Freunde, beachtet aufmerksam euren Magen und versorgt ihn umsichtig und klug. Dann werden sich Tugend und Zufriedenheit einstellen und in eurem Herzen herrschen, ohne irgendein Bemühen eurerseits, und ihr werdet gute Bürger, liebevolle Gatten und zärtliche Väter sein – edle, fromme Menschen.

Vor dem Abendessen waren Harris, George und ich zänkisch, gereizt und verdrossen, nach dem Essen saßen wir da und strahlten einander an und ebenso den Hund. Wir liebten einander, wir liebten alle. Harris trat, als er sich bewegte, auf Georges Hühnerauge. Hätte sich dies vor dem Essen ereignet, so hätte George Wünsche und Sehnsüchte hinsichtlich Harris' Geschick in dieser und der nächsten Welt geäußert, die einen bedächtigen Menschen zum Schaudern gebracht hätten.

So aber sagte er: »Vorsicht, mein Alter, pass auf.«

Und Harris, statt lediglich zu bemerken, und zwar in seinem unfreundlichsten Tonfall, dass man kaum vermeiden konnte, auf irgendeinen Teil von Georges Fuß zu treten, wenn man sich überhaupt in einem Umkreis von zehn Yards um Georges Sitzplatz bewegen wollte, und anzuregen, dass George seine überlangen Füße nie in ein Boot von normaler Größe setzen sollte, und zu raten, er möge sie über die Seite hängen, so wie vor dem Abendessen, sagte jetzt: »Oh, tut mir sehr leid, mein Lieber, hoffentlich hab ich dir nicht wehgetan.«

Und George sagte: »Überhaupt nicht«, es sei sein eigener Fehler gewesen, und Harris sagte, nein, seiner.

Es war sehr nett, ihnen zuzuhören.

Wir steckten unsere Pfeifen an, saßen da, schauten hinaus in die ruhige Nacht und unterhielten uns.

George fragte, wieso es nicht immer so sein könne: fern von der Welt mit ihren Sünden und Versuchungen ein anständiges, friedfertiges Leben führen und Gutes tun. Ich sagte, dies sei genau das, wonach ich mich so oft gesehnt hätte; und wir erörterten die Möglichkeit, weit fortzureisen – wir vier – zu einer günstig gelegenen, gut ausgestatteten einsamen Insel und dort in den Wäldern zu leben.

Harris sagte, das Problem mit einsamen Inseln sei, dass sie nach allem, was er gehört habe, so feucht seien; aber George sagte, nein, nicht wenn sie ordentlich entwässert würden.

Dann kamen wir auf Abwässer, und dabei fiel George eine sehr komische Sache ein, die einmal seinem Vater passiert war. Er erzählte, sein Vater sei mit einem anderen Burschen durch Wales gereist, und eines Abends seien sie in einem kleinen Gasthaus eingekehrt, wo noch ein paar weitere Burschen waren, und sie gesellten sich zu diesen und verbrachten den Abend mit ihnen.

Es war ein sehr heiterer Abend, sie blieben lange auf, und als sie sich dann anschickten, zu Bett zu gehen, waren sie auch ein wenig angeheitert (dies trug sich zu, als Georges Vater ein ganz junger Mann war). Sie – Georges Vater und dessen Freund – sollten im selben Zimmer schlafen, allerdings in getrennten Betten. Sie nahmen die Kerze und gingen hinauf. Die Kerze stieß gegen die Wand, als sie das Zimmer betraten, und verlosch, sodass sie sich im Dunkeln ausziehen und zum Bett hintasten mussten. Das taten sie auch, aber statt in verschiedene Betten zu steigen, wie sie meinten, legten sich beide unwissentlich ins selbe – einer streckte sich mit dem Haupt am oberen Ende aus, der andere kroch von der entgegengesetzten Kompassseite hinein und lag mit den Füßen auf dem Kopfkissen.

Für einen Moment herrschte Schweigen, dann sagte Georges Vater: »Joe!«

»Was ist los, Tom?«, antwortete Joes Stimme vom anderen Ende des Betts.

»Tja, hier liegt einer in meinem Bett«, sagte Georges Vater, »der hat die Füße auf meinem Kissen.«

»Das ist komisch, Tom«, erwiderte der andere, »aber in meinen Bett ist doch wahrhaftig auch einer!«

»Was willst du dagegen tun?«, fragte Georges Vater.

»Na, ich schmeiß ihn raus«, antwortete Joe.

»Ich auch«, sagte Georges Vater tapfer.

Es gab einen kurzen Kampf, gefolgt von zwei schweren Plumpsern auf den Boden, und dann sagte eine ziemlich klägliche Stimme: »Hör mal, Tom!«

»Ja?«

»Wie sieht's bei dir aus?«

»Also um die Wahrheit zu sagen, meiner hat mich rausgeworfen.«

»Meiner auch! Ehrlich, ich halte nicht viel von diesem Gasthaus, du vielleicht?«

»Wie hieß dieses Gasthaus?«, sagte Harris.

»›The Pig and Whistle‹ «, sagte George. »Warum?«

»Ah, nein, dann ist es nicht dasselbe«, antwortete Harris.

»Wie meinst du das?«, fragte George.

»Tja, das ist ganz komisch«, murmelte Harris, »aber genau das Gleiche ist mal in einem Landgasthaus meinem Vater passiert. Ich hab ihn die Geschichte oft erzählen hören. Ich dachte, es könnte dasselbe Gasthaus gewesen sein.«

An diesem Abend begaben wir uns um zehn zur Ruhe, und ich glaubte, müde, wie ich war, würde ich gut schlafen;

dem war aber nicht so. Normalerweise ziehe ich mich aus und lege den Kopf aufs Kissen, und dann hämmert jemand an die Tür und sagt, es ist halb neun; aber in dieser Nacht schien alles gegen mich zu sein: Die ungewohnte Umgebung, die Härte des Boots, die verkrampfte Haltung (ich lag mit den Füßen unter einem Sitz und mit dem Kopf auf einem anderen), das Geräusch plätschernden Wassers rund ums Boot und der Wind in den Ästen beunruhigten und verstörten mich.

Es gelang mir, ein paar Stunden zu schlafen, dann jedoch bohrte sich ein Teil des Boots, der anscheinend in der Nacht gesprossen war – denn er war bestimmt nicht da gewesen, als wir losfuhren, und morgens war er verschwunden –, in mein Rückgrat. Ich überschlief das eine Weile und träumte, ich hätte einen Sovereign verschluckt und man wäre dabei, mir mit einem Bohrer ein Loch in den Rücken zu machen, um die Münze herauszuholen. Ich fand das sehr unfreundlich von den Leuten und sagte ihnen, ich schuldete ihnen das Geld, und sie würden es am Monatsende bekommen. Aber sie wollten nichts davon wissen und sagten, es wäre viel besser, wenn sie es jetzt bekämen, weil ansonsten Zinsen fällig würden. Nach einiger Zeit war ich sehr verärgert über sie und teilte ihnen mit, was ich von ihnen hielt, und dann ruckten sie derart qualvoll an dem Bohrer, dass ich erwachte.

Im Boot war es stickig, und mein Kopf schmerzte; deshalb hielt ich es für angebracht, mich an die kühle Nachtluft zu begeben. Ich zog an Kleidungsstücken an, was ich gerade finden konnte – einige von mir, etliche von George und Harris –, und kroch unter der Plane hinaus ans Ufer.

Es war eine wunderbare Nacht. Der Mond war untergegangen und hatte die ruhige Erde mit den Sternen allein gelassen. In der Stille und dem Schweigen war es, als unterhielten sich die Sterne mit ihrer Schwester, der Erde – während wir, ihre Kinder, schliefen –, als sprächen sie über gewaltige Mysterien, viel zu groß und abgründig, als dass kindliche Menschenohren einen Ton hätten auffangen können.

Sie flößen uns Ehrfurcht ein, diese fremden Sterne, so kalt, so klar. Wir sind wie Kinder, deren kleine Füße sich in einen schwach erleuchteten Tempel jenes Gottes verirrt haben, den zu verehren man sie gelehrt hat, den sie aber nicht kennen; und wir stehen dort, wo die hallende Kuppel den weiten Blick in das schummrige Licht überwölbt, und blicken auf, halb hoffend, halb fürchtend, dort eine gewaltige Vision schweben zu sehen.

Und dennoch scheint sie so voller Trost und Kraft zu sein, die Nacht. Angesichts ihrer großen Majestät verkriechen sich verschämt unsere kleinen Kümmernisse. Der Tag war so voller Plagen und Sorge und unsere Herzen so voll von Übel und bitteren Gedanken, und die Welt kam uns so hart und falsch vor. Dann legt uns die Nacht wie eine große liebevolle Mutter die Hand auf den fiebrigen Kopf und wendet unser tränenfeuchtes Gesicht nach oben, zu ihr, und lächelt; und wenn sie auch nicht spricht, wissen wir doch, was sie sagen würde, und legen unsere heiße, errötete Wange an ihren Busen, und der Schmerz ist fort.

Manchmal ist unser Schmerz sehr tief und wirklich, und wir stehen ganz stumm vor ihr, denn für unseren Schmerz gibt es keine Sprache, nur ein Ächzen. Das Herz der Nacht ist voller Mitleid für uns: Sie kann unser Weh nicht lindern; sie nimmt unsere Hand in ihre, und die kleine Welt wird unter uns ganz winzig und ganz fern, und von ihren dunklen Schwingen getragen, gehen wir für einen Moment in eine gewaltigere Gegenwart ein als die ihre; im wundersamen Licht dieser großen Majestät liegt alles menschliche Leben wie ein Buch vor uns, und wir begreifen, dass Schmerz und Kummer nichts anderes sind als Gottes Engel.

Nur jene, die die Leidenskrone getragen haben, können dieses wundersame Licht schauen; und wenn sie zurückkommen, dürfen sie nicht darüber reden und nicht über das Mysterium sprechen, von dem sie wissen.

Es war einmal, lang ist's her, da ritten durch ein fremdes Land einige wackere Ritter, und ihr Pfad führte dicht an einem tiefen Wald vorüber, wo dichtes, starkes Dornengestrüpp wuchs und das Fleisch jener zerfetzte, die sich darin verloren. Und die Blätter der Bäume, die in diesem Wald wuchsen, waren sehr dunkel und dicht, sodass zwischen den Ästen kein Licht durchdrang, um die Düsternis und Traurigkeit zu erhellen.

Und als sie an diesem dunkeln Wald entlangritten, verlor einer von ihnen seine Gefährten aus dem Blick, irrte weit umher und kehrte nicht mehr zu ihnen zurück; und voller Gram ritten sie ohne ihn weiter und betrauerten ihn als einen Toten.

Als sie nun die schöne Burg erreichten, die ihr Ziel gewesen war, verweilten sie dort viele Tage und ließen es sich wohlergehen; und eines Abends, als sie in heiterer Gelassenheit um die dicken Holzscheite saßen, die in der großen Halle brannten, und den gut gefüllten Becher kreisen ließen, kam der Gefährte, den sie verloren hatten, und grüßte sie. Seine Kleider waren zerfetzt wie die eines Bettlers, und sein zartes Fleisch trug viele arge Wunden, aber auf seinem Gesicht lag das wunderbare Leuchten tiefer Freude.

Und sie befragten ihn und erkundigten sich, was ihm denn widerfahren sei. Und er erzählte, wie er im dunklen Wald vom Weg abgekommen und viele Tage und Nächte umhergewandert war, bis er, zerrissen und blutend, sich niedergelegt hatte, um zu sterben.

Dann, als er dem Tode nah war, kam durch die schroffe Düsternis eine stattliche Maid zu ihm, und sie nahm ihn bei der Hand und führte ihn über entlegene Pfade, die kein Mensch kannte, bis über dem Dunkel des Waldes ein Licht aufging, vor dem das Licht des Tages nicht mehr war denn eine kleine Lampe vor der Sonne; und in diesem wundersamen Licht sah unser erschöpfter Ritter wie im Traum eine Vision, und so herrlich, so schön schien ihm diese Vision, dass er nicht länger an seine blutenden Wunden dachte, sondern dort stand wie ein Verzauberter, dessen Freude tief ist wie das Meer, dessen Tiefe kein Mensch ermessen kann.

Und die Vision schwand, und der Ritter kniete nieder und dankte dem guten Heiligen, der seine Schritte in diesen traurigen Wald hatte irren lassen, sodass er die Vision schauen konnte, die dort verborgen war.

Und der Name des dunklen Waldes war Kummer; aber von der Vision, die dieser gute Ritter darin schaute, dürfen wir nichts sagen noch erzählen.

ERIKA UND KLAUS MANN

Cannes

Wenn Sie sich Cannes nähern, treffen Sie auf der Autostraße ein bescheidenes weißes Schild, das auf die Agence Rolls Royce hinweist, die es dort gibt. Das ist ein sehr schwerwiegendes Symptom, denn, wie Sie wissen, macht diese Firma sich gewaltig rar. In Cannes aber findet sie sich am Platze.

Der Luxus ganz großen Stils wird mehr und mehr zur Legende. Die Großfürstin mit den Perlen, die zwei Provinzen wert sind, ist Vorkriegsspuk. Die elegante Welt, die mit blasierter Miene zehntausend Mark täglich verausgabt, flüchtet sich mehr und mehr in die Zeitschrift gleichen Namens, wo sie in der Rubrik »Sprechen Sie noch?« ihr schattenhaftes Dasein weiterführt. In Ägypten, oder in *Sankt* Moritz, findet der *kleine* Moritz vielleicht noch am ehesten die Idealgestalten, von denen er so lange geträumt hat. An der Côte d'Azur, so viel ist sicher, werden sie immer seltener. Mittlere bis kleine Bourgeoisie und »Künstlervölkchen« teilen sich mehr und mehr in die vielgeliebte Küste. Nur einige wenige Plätze bleiben *der* Welt vorbehalten, die sich selber *die* Welt – le monde – nennt. Cannes gehört ohne Frage zu diesen. Es steht immer noch und nun schon ziemlich lange auf der ungeschriebenen Geheimliste der Orte, wo »man« hingehen kann. Lord Brougham soll es für die englische Aristokratie eingeführt haben; (wofür die Bürger von Cannes ihm mit einem Standbild danken.) Seitdem ist diese (die Aristokratie Britanniens) der »Perle de la Riviera«, der »Reine des sports« treu, und mit ihr die Aristokraten und Plutokraten des übrigen Erdballs. Wenn Sie im Februar in den Bakkaratklub des *Casino Municipal* von Cannes eintreten, ist der lange, grauhaarige Herr, der Ihnen gewiß weiter nicht auffiele, eben *wirklich* ein skandinavischer König, und dieser mit dem Menjouschnurrbärtchen einfach selber Menjou; und dieser, der sich gerade beim Spielen so ärgert, der Baron Rothschild, und diese etwas verhutzelte kleine Dame eine Vanderbilt, und dieser schlagflüssige Papa ein holländischer Kaffeemagnat. Alle Träume des kleinen Moritz gehen in Erfüllung; wir aber gönnen uns vorläufig noch einmal Urlaub und verlassen dieses gemütliche kleine Casino.

Tuen wir vorübergehend so, als wenn Cannes nicht auf jener mystischen Liste der »monde« stünde. Es ist ein sehr nettes südfranzösisches Hafenstädtchen, mit fast 50 000 Einwohnern (was es vielleicht eines Tages wirklich wieder sein wird). Ignorieren wir die *Croisette*, die blendende Promenade am Meer, sie wird uns später noch genug zu schaffen machen; ignorieren wir sogar die *Rue d'Antibes*, die Geschäftsstraße, die, im Innern der Stadt, parallel zur Croisette läuft; und wir finden das ganze Gewimmel von nicht ganz sauberen Plätzchen und Gäßchen, das wir in allen diesen Hafenstädten kennengelernt und geliebt haben.

Wir wollen nicht aufdringlich sein: Speisen Sie denn also wohlgemut mit Ihrer Dame im *Café de Paris* zu Abend, oder in den *Ambassadeurs*, für 600 fr. Aber wissen Sie, zum

Beispiel, daß es dort, gleich am Hafen, ein kleines Hotel-Restaurant, »Le Coq Hardi« gibt, wo Sie für 30 fr. Zimmer mit der vollen Pension bekommen? Freilich, das Essen ist entschieden besser als die Zimmer. Aber wegen eines Käse-Soufflé, das die Madame vom Coq Hardi zubereitet, lohnt es sich, hier Station zu machen.

Cannes hat viele Gesichter. Schauen Sie doch in die kleine Austernstube »Le Caveau« (auch ziemlich in der Nähe des Hafens), wo Sie für ein paar Francs frische, wenn auch etwas grüne huîtres bekommen: So was an verräucherter Gemütlichkeit war ja noch gar nicht da, das ist schon direkt Rothenburg ob der Tauber.

Werden wir von Mahlzeit zu Mahlzeit etwas schicker. Gehen wir, um den Hafen herum, zum *Boulevard Jean Hibert*, wo der Sandstrand anfängt, und, weil die Sonne so großartig scheint, setzen wir uns vor dem Restaurant *La Marjolaise* ins Freie (vor uns *ganz* blaues Meer). La Marjolaise hat so ein gewisses kleines »avec«; drinnen ist es nicht ohne künstlerischen Anspruch eingerichtet, ein paar gute moderne Zeichnungen hängen hinter der Bar und die Dame, die hier schaltet und waltet, ist die Schwester des berühmten Moïse, von dem wir Ihnen später noch erzählen, – zusammen mit einer anderen sehr angeregten und charmanten Frauensperson, mit der wir Ihnen zu plaudern empfehlen. – Neben der Marjolaise ein Antiquitätengeschäft, in das man eintreten sollte, denn die schönen Sachen kosten gar nicht so viel, wie man es pessimistisch erwartet. Sehr vorzüglich ist das Restaurant *l'Oustallet* (elegant – provençalischen Typus'), hinterm Hôtel Majestic.

Obwohl wir doch gerade erst in Cannes angekommen

sind, schlagen wir Ihnen doch schon einen Ausflug vor (alles wegen der großartigen Sonne), Richtung St. Raphaël. Wir kennen diese Straße am Meer und überm Meer noch nicht, mit ihren unvergeßlich schönen Blicken, weil wir doch übers Gebirg gekommen sind. Unterwegs machen wir im *Restaurant Miramar* halt, das einsam liegt und eine Aussicht hat, wegen derer es sich verlohnte, stundenlang Auto zu fahren und wo man obendrein noch gut ißt. Aber nachmittags sind wir wieder in Cannes. Sie haben sich ja noch gar nicht endgültig wegen des Hotels entschieden.

Wie soll man Ihnen da raten? Die Croisette entlang lockt ihre pompöse Reihe: *Majestic*, *Carlton*, *Martinez* (Martinez ist das neueste, erst gerade fertig geworden), über dem Café de Paris das *Hôtel Edouard VII.*, etwas intimer. Auf der anderen Seite des Hafens *Beau-Site*, *Du Parc*, *De la Californie* – sollen wir weiter aufzählen? Sich für einen Luxuskasten zu entscheiden, dazu gehört weniger Phantasie, als all das Geld, das wir Ihnen von Herzen gönnen und das Ihnen hoffentlich in diesen zweifelhaften Zeiten erhalten bleibt (ist aber *gar* nicht gewiß!). – Vielleicht geben wir Ihnen einen netteren Tip, wenn wir Ihnen sagen, daß eine Minute hinter dem Boulevard Jean Hibert, gegenüber dem Tanzetablissement *Les flots bleus* sich eine kleine Pension findet, die *Belle Plage* heißt und anständig ist. Ein mittleres Hotel, in dem Sie sich ausgezeichnet aufgehoben finden werden, ist das *George V.*, Rue des Serbes, Ecke Rue d'Antibes.

Nun müssen wir aber endlich die *Croisette* ein bißchen näher in Augenschein nehmen. Hier zum Beispiel das neue *Gala-Bureau der P. M. L.*, das sie zusammen mit Cook eröffnet haben: doch entschieden *ganz* groß … Sind Sie so unruhig, weil Sie unbedingt erst Tee im Kasino trinken wollen? Es ist ja unsere Pflicht, Sie überall hin zu begleiten, aber beim Tee wird es gewiß recht langweilig sein. Es kostet 6 fr. Eintritt und dann verlieren Sie zwangsläufig noch 25 fr. an einem der Bouletische, denn Sie gehören zu denen, die sich in Kleinigkeiten nicht beherrschen können. Dafür sehen Sie, wie schön das Kasino in seiner neuen Aufmachung ist. Im *Ambassadeurs*-Restaurant ist schon zum Abendessen gedeckt, aber in der großen Halle wird Tee geschlürft. Das wäre nicht so gefährlich, wenn nicht oben, auf der geräumigen Bühne, die anderer Darbietungen würdig wäre, einige Damen fast ununterbrochen tanzten, sei es als Elfen, sei es als Spanierinnen. Sehen wir lieber nicht hin. Aber was sollen wir tun, wenn nun der Herr im Smoking kommt und unbarmherzig »O wie so trügerisch« singt. Das Schönste an diesem Aufenthalt ist der Blick durch die großen Fenster des Kasinos auf die alte Stadt, deren Konturen schwarz gegen einen glasigen Himmel stehen.

Dort die große Pforte führt zum Opernhaus des Etablissements, wo oft mit Niveau musiziert und getanzt wird; die andere zu dem teppichbelegten Korridor, wo in Glasvitrinen die Luxustäschchen schimmern, und der, am Restaurant der Ambassadeurs vorbei, zum Heiligtum des Bakkaratklubs führt. Hier sitzen etliche unwirsche Männer Wache, die keinen reinlassen, der sich nicht sehr genau ausweisen und ziemlich viel zahlen kann. Drinnen aber schäkert der König von Dänemark mit Chaplins geschiedener Frau, während eine Princesse Murat hysterisch weinend ihre unersetzlichen Rubinohrringe dem Croupier hinschleudert, der sie einfach einkassiert. Wenn wir, zum

Beispiel, in der schlichten Konditorei *Rohr* (Rue d'Antibes) Tee getrunken hätten, wo es so wundervolle Kuchen gibt, hätten wir es billiger und eigentlich netter gehabt.

Kommen Sie jetzt endlich mit auf die *Croisette*? Da bin ich aber froh und, bitte, begleiten Sie mich zu *Hermes*. Ich finde nämlich, daß Hermes der schönste Laden ist, den wir da haben, weil ich Ledersachen liebe und Sportsachen aus Wolle und Stoffen von feinster Rauheit und äußerster Schlichtheit. Daß diese Tausende von Francs kosten bei Hermes, schadet ja nichts, wir sind reich. Vielen Dank, ich nehme den kleinen Ledergürtel zu 750 fr. gern von Ihnen zum Geschenk, er ist geflochten und mit glatten Metallplatten besetzt, so daß er einziger Schmuck eines grauen Kleides aus Sackleinwand sein kann. Darf ich Ihnen das Jäckchen dort als Gegengabe bieten, das kurze blaue, das beinahe geschnitten ist wie ein Salzburger Bauernjanker? Dafür kostet es auch 900 fr. und Sie machen einen guten Tausch mit Ihrem billigen Gürtel.

Hermes ist eines der ersten unter den Geschäften an der Croisette, um derentwillen ich Sie vom Kasino fortlockte; von nun ab kommt Schlag auf Schlag. Für echte feine »Shopping«-Damen muß es ja ein Fest sein und eine Aufregung, diese Straße hinunter zu flanieren. Kein Haus, an dem einfach vorbeizugehen möglich wäre, – keine Stadt der Welt, in der die Wunderfirmen der Eleganz, der Pracht und des Wohlgeruchs so glänzend vereint, so mühelos zu genießen sind. Edelsteine, meine Damen! Ganze Teeservices aus Edelsteinen. *De Royat*, unweit von Hermes, hat eins aus Achat. Schokolade, meine Kinder! Die der *Marquise de Sevigné* schmeckt wie Himmelsbrot; – Stoffe, meine

Herren! *Mr. Wordly unter den Arkaden* zeigt Ihnen unverwüstliche und schneidet sie Ihnen zu, daß Sie aussehn wie der Prince of Wales darin.

Diese Arkaden, meine Herrschaften, überhaupt! Sie müssen sich denken: in der Mitte der Teetempel, ein Pavillon, in dem Sie Musik und Nachmittagsmusik kriegen, drum herum die schönsten Blumen, die vorstellbar sind (»*Arcades Fleuries*«, das Ganze!), und im Säulengang, der die Idylle rahmt, die Edelläden gereiht: Der Schönheitssalon der Madame *Rubinstein* (»Londres, Paris, New York« steht aufregend hinter ihrem Namen vermerkt), – belgische Wäsche und Spitzengeriesel, – orientalische Möbel, *Aline's Hütchen*, ein Hundeutensiliengeschäft (U.P.A.-Union zur Beschützung der Tiere), wo Sie alles kaufen können für den Ihren, – Halsbänder, Decken, kleine Anzüge. Elisabeth *Arden* winkt mit Creme und Säftchen, dicht dabei bietet ein Photographenatelier seine Spezialität: vergrößerte Photographien auszuschneiden und mit kleinen Stützen zu versehen. Lassen Sie sich aufnehmen, im Säulengang, Sie werden dann, wie lebend, dort im Schaufenster stehn. Kaufen Sie aber vorher Ihren Sports-dress bei *Barcley*, Rue *d'Antibes*, damit Sie uns keine Schande machen. – Ich zeige Ihnen rasch noch *Weil's* feines Pelzgeschäft an der Croisette und *Mauboussin's* Vorrat an Geschmeide. Augenblicklich sind es Krawatten aus Juwelen, die er feilbietet, und die von kleinen Juwelenkragen gehalten sind. Nicht weit davon hat *Worth* sich aufgetan, er möchte uns unscheinbare bunte Sweaterchen verkaufen, die wir alsdann mit dem schweren Parfüm tränken mögen, das er für uns fabriziert. In seinem Schaufenster liegt beinahe nichts. Die Manier dieser sagenhaften Firmen, gleichsam mit Symbolen zu arbeiten, hat in der »Politischen Novelle« Bruno Frank endgültig charakterisiert:

»Ein eigentümlicher Geschmack bestimmte die Auslagen: als höchste Feinheit zeigte sich überall die Andeutung, die Vereinzelung, die Dürre … Da stand im Fenster des Parfümeurs über einem chinesischen Schal ganz einsam ein einziger Flakon mit goldener Flüssigkeit. Dies waren Tempel für Eingeweihte, ein durchdringender Snobismus stieg aus allen Fenstern den beiden Männern entgegen, die ihre Gesichter im Gehen dieser Leere zugekehrt hielten.« …

Chanel! Guerlain! Lenyin! Molyneux! Sind Sie nun erschlagen? Noch nicht? *Patou!* Jetzt? – *Greco* hat Schuhe, die Fetischisten zeugen müssen. *Julienne* zeigt Sandaletten, für die man auf der Stelle einen Strand baute, gäbe es nicht den schönen hier. Das Herrengeschäft *Seymour*, die Kappen und Turbans der *Guy*, die Kleidchen der *Maison Aline*, – es ist verwirrend für die Shopping-Dame.

Aber auch hier, wo man sie nicht vermutet, hat die »Wirtschaftskrise«, dieser dunkle Begriff, mit dem man heute schon Schulkinder ängstigt, ihre dürren Finger. Undurchsichtig blau ist manches Schaufenster zugemalt, in dem noch vor kurzem Symbole von höchstem Anspruch sich spreizten, – Bankerott und Pleite sogar hier. Sogar hier übrigens auch Geschmacklosigkeit. Immer zwischen den edlen Läden andere, die alles führen – Glasperlen, Goldrahmen, Teppichzeug und Andenken. Das ist für die wilden Amerikaner. Der Inhaber eines solchen Ramsches zeigte uns bekümmert Zigarettenetuis aus Silberblech, die mit buntem Glas ausgelegt waren. Preis 12 fr. Ein Herr aus

Amerika habe gestern 50 Stück gekauft, als Mitbringsel gedacht. Sie kosten ihn soviel, wie uns ein perlmutterner Manschettenknopf von Worth. Aber den behalten wir auch für uns.

Und abends?

Wir haben nun auf jeder Landstraße zwischen Paris und der Riviera das Schild gesehen, welches das *Palm-Beach-Casino* als »une merveille« anpreist. Gehen wir also hin, es liegt etwas außerhalb von Cannes, Richtung Golf-Juan. Wenn wir im Januar sind, werden wir es noch geschlossen finden. Damit verlieren wir nicht viel, denn auch in geöffnetem Zustand ist es nichts als ein konventioneller Vergnügungspalast durchaus kalifornischen Stils. (Es ist sehr amüsant zu beobachten, wie die französische Riviera, die lange Zeit von Kalifornien bis auf die Namen kopiert wurde, nun damit beginnt, Kalifornien bis auf die Namen zu kopieren. Dies nebenbei.) – Gegenüber wird ein Restaurant *»La Toque Blanche«* eröffnet, das sich selber als »Genre Prunier« empfiehlt und auf seine Fischspezialitäten hinweist.

Auf dem Rückweg nach Cannes kommen wir am *Château Madrid* vorbei, das, etwas hinter der Croisette, ziemlich an ihrem Ende liegt. Es zerfällt in zwei Lokale, eines unten, bei der Garage, in dem harmlos geschwoft und Bier getrunken wird (Bière de Monaco, – ausgezeichnet, kommt aber nicht aus München, sondern aus dem vielumstrittenen Fürstentum); eines oben, im ersten Stock, ziemlich anspruchsvoll, mit guten Attraktionen, Sekt, Smoking und Smokingpreisen.

Das amüsanteste unter den smarten Lokalen ist der *»Bœuf sur le toit«*, der jenem Monsieur Moïse gehört, auf den wir schon anspielten. Er ist der Besitzer des »Bœuf« in Paris, außerdem des »Grand Ecart« und der »Enfants terribles«. Die Namen all seiner Lokale stammen von Cocteau, der ehemals auch der Schutzpatron und Stammgast des »Bœuf« gewesen ist, inzwischen freilich ziemlich andere Wege wandert. Cocteaus Photographie hängt auch an der Wand des »Bœuf sur le toit« in Cannes.

Alle Moïselokale haben dieselbe Atmosphäre von arrivierter Halbwelt, versnobten Intellektuellen und exzentrischer Aristokratie. Es ist eine ziemlich penetrante Atmosphäre, wer sie mag, mag sie; manchem macht sie für fünf Abende des Jahres Spaß. – Es ist lustig, festzustellen, mit was für primitiven Mitteln Moïse wirkt und stark wirkt. Der »Bœuf« ist vollkommen in Schwarz gehalten, mit Lampions statt Lampen und viel Spiegelglas. Das ganze ist von einer gewissen eleganten Düsterkeit, mit schwarzem Wachstuch, blinkenden Glaskugeln und einer hinreißenden Kapelle. Das Publikum: pikant und würzig gemischt. Zwischen Damen in phantastisch kostspieligem Putz kann man eine schrullige Amerikanerin tanzen sehn, ohne Strümpfe, mit einem kurzen Nachmittagskleidchen von vor drei Jahren, wozu sie ein merkwürdiges Paillettenjäckchen trägt, verstrubeltes Grauhaar über dem eigensinnigen alten Gesicht. An der Bar, in Fachgespräche vertieft, aber mit wachsamen Augen, die lieben Gigolos, die übrigens hierzulande unter ganz besonderem Schutze stehen. Es ist den weiblichen Besuchern der Lokale nicht erlaubt, zusammen zu tanzen. Tun sie es unerfahrenerweise doch, naht sich sogleich der Manager mit seinem »Interdit, Mesdames«. Auf Anfrage tut er kund, daß es sich bei diesem Verbot nicht etwa um eine Maßnahme sittlicher Natur handelt, sondern um ein Gesetz zum Schutz der Gigolos. »Haben Sie erst ein paarmal mit unseren Herren getanzt, so dürfen Sie es auch untereinander tun«, – sagt der Manager. Wer es mag, mag es.

Was es sonst noch Drolliges gibt? – Da man doch schon angezogen ist, kann man, wenn es sein muß, in die Bars der großen Hotels schauen, oder zu *»Chez Brummel«*, was unten im Kasino liegt. Dort bietet sich aber nicht viel, als noch einige teure Abendmäntel und Sekt, der noch etwas mehr kostet als im »Boeuf«. Die Amerikanerin ohne Strümpfe wäre hier wohl nicht denkbar. – *»Casanova«*, was es früher auch noch gab, ist inzwischen leider verstorben.

Wer kleine Kneipen mit einem etwas speziellen Einschlag gern hat, kann an dem Platz hinterm Hafen die *Sanzi-Bar* suchen, ein ganz gemütlicher Keller; aber er verspreche sich keine Wunderdinge.

Wenn Sie ein bißchen Phantasie haben und irgendeinen anderen Ort dieses Stils kennen (etwa Biarritz), wird es Ihnen nicht schwer fallen, sich auszumalen, was sonst die Gemüter in Cannes noch beschäftigt. Batailles des fleurs; fêtes de l'élégance, concours des voitures fleuries ... Wissen Sie schon, daß der junge X. gestern eine halbe Million im Bakkaratsaal verloren hat? Die Herzogin Y. will aber absolut ihre Villa verkaufen, da dürfte auch nicht alles ganz stimmen. Der kleine Südamerikaner, der in Toulon wegen des Opiums verhaftet werden sollte, heiratet nun wirklich die junge Prinzeß P.P. ... Sehen Sie, diese verschleierte Dame da soll Pola Negri sein, aber nicht mehr mit ihrem Prinzen, *längst* nicht mehr ... Pst, schon wieder der alte Lord Omega mit dieser Russin, *die* hat aber Glück ... Gehen Sie heute abend auf das Galadiner im Majestic? Die Mistinguette wird ein bißchen singen, wie alt ist sie denn nun? ... Gestern, bei Brummel, war der wieder stinkbesoffen, mit Verlaub gesagt ...

Aber Sie verlangen doch nicht im Ernst von uns, daß wir Ihnen ein »Sprechen Sie noch?« von Cannes schreiben?!

Ob es aber verlangt wird oder nicht: über die *Inseln* wollen wir noch reden und den Motorbootdienst im allgemeinen. Da gibt es die *Iles de Lérins*, die Cannes vorgelagert sind und denen es sein sanftes Meer zu verdanken hat. Die berühmteste ist die *Ile Ste. Marguerite*, auf der sich, neben anderen Sehenswürdigkeiten, das Fort findet, in dem einstmals der Mann mit der eisernen Maske und später, zu Weltkriegsausbruch, die deutschen Rivierareisenden gefangen saßen. Landschaftlich fast noch hübscher ist die andere, *Ile St. Honorat*. Der Ausflug ist schon ganz lohnend, – bei ruhigem Meer. Uns ist es einmal entsetzlich schlecht geworden, weil die kleinen Boote so hemmungslos schaukelten. Das kann einem bei allen diesen Ausflügen passieren, die sonst ihren großen Reiz und Vorteil haben – so als Spazierfahrt von Kap zu Kap oder einfach als Verkehrsmittel zwischen den Orten der Côte. Die Charaktere der einzelnen Unternehmer sind verschieden: Es kann vorkommen, daß einer, den man im Preise schon heruntergehandelt hatte, die tollsten Umwege fährt, um sich doch noch schadlos zu halten.

INGO SCHULZE

Wie oft

Wie oft hatten wir zu den Rundbogenfenstern aufgeschaut, deren samtene rote Vorhänge die Zimmer verhüllten wie ein kostbares Geschenk. Wie oft hatten wir versucht, uns den triumphalen Blick vom Balkon der zweiten Etage auf die Anitschkow-Brücke vorzustellen, oder, je nach Kopfwendung, den Newski hinab oder hinauf oder auf die Anlegestelle vor uns unter den Pappeln. Den flachen Schiffen wären unsere Augen bis zum Scheremetjew-Palais gefolgt oder, in entgegengesetzter Richtung, bis zur Fontanka-Biegung. Aus diesen Räumen an die schmiedeeiserne Balkonbrüstung zu treten, kam der Abnahme einer Parade gleich und würde unweigerlich die Huldigung der Menge hervorrufen, die hier, von Ampeln gestoppt, zu unseren Füßen verweilte. Es war nicht zu bestreiten: Wer an dieser Stelle der Stadt über den Köpfen der Menschen erschiene, besäße ein Charisma, wie es sonst nur die Geburt verleiht. Und von hier sollte die Tafel mit dem Schriftzug unserer Zeitung leuchten.

Die Besitzer der Wohnung hatten sich hinhalten lassen, sie hatten sich in unglaublicher Weise ein halbes Jahr hinhalten lassen, und es schien sich zu bewahrheiten, was ich immer geahnt hatte: Solche Gemächer betritt unsereiner nur im Traum oder als Gast. Dann aber waren die vierzigtausend Dollar gekommen, und Ende April zogen wir die Vorhänge von den Fenstern zurück.

Ich sah alles schon vor mir. Das mittlere, zum Newski gelegene Zimmer plante ich als Empfangsraum für Inserenten, Autoren und Leser. Für das Eckzimmer, wo mein Tisch neben der Balkontür Platz finden sollte, hatte ich das Layout vorgesehen. Mit dem kleinsten Raum müßten die Journalisten vorliebnehmen. Bad und Klo waren eng. Dafür bot die Küche genügend Platz für gemeinsame Besprechungen.

Was ich nicht erwartet hatte aber war, daß der Gestank des Treppenhauses an der Wohnungstür endete, als entströme unserer neuen Bleibe ein unaufdringlicher, frischer Duft nach Licht, nach Wärme, nach Meer und einem schwer zu bestimmenden, blumigen Extrakt, der sich entweder über viele Jahrzehnte in diesen Wänden gehalten hatte, also vom Aroma junger adliger Fräuleins zeugte, oder unserer Verzauberung durch diese Wohnung entsprang. Vielleicht wehte der Duft aber auch durch die Fenster herein, vor denen sich das Gurren der Tauben mit dem ersten Rauschen des Laubs und dem Klatschen der Wellen an der Anlegestelle mischte.

So gab es beste Voraussetzungen, das zu schaffen, was sich jeder Unternehmer wünscht, wenn er kein Halunke und Beutelschneider ist, nämlich daß seine Belegschaft die Firma als ihr zweites Zuhause betrachtet. Entgegen meinem Wunsch, einen Malerbetrieb zu beauftragen, sprachen sich alle anderen dafür aus, die Renovierung selbst zu übernehmen, natürlich am Wochenende oder an freien Tagen. Ich biß mir auf die Zunge, denn eine Initiative von unten abzuwürgen wäre im Verständnis modernen Managements eine unverzeihliche Torheit gewesen, zumal wir dabei noch Geld sparten.

Trotz unserer üblichen Nachtschicht am Donnerstag versammelten wir uns freitags um fünfzehn Uhr. Sogar die Redakteure waren gekommen. Das war umso verwunderlicher, als es sich mit der Zeit durchgesetzt hatte, daß sie nur noch telefonisch die Artikel ihrer Ressorts ankündigten, sich flüchtig absprachen und immer weniger bereit waren, ihre Texte selbst in die Computer einzugeben. Sie beriefen sich auf meine Devise, nach der Artikel allein dazu bestimmt seien, den Platz zwischen den Anzeigen zu füllen. Deshalb wüßten sie nie, ob ihre Beiträge auch wirklich erscheinen würden. Ab Juni, spätestens ab Juli, sollten sie Honorarverträge erhalten. Dafür würde ich eine zusätzliche Sekretärin einstellen. Bei den Angestellten ließ man mir freie Hand, da es auf fünfzig Dollar monatlich mehr oder weniger nicht ankam.

Wir waren so viele, daß die wenigen Abwaschbürsten, Eimer, Spachtel und Pinsel nicht reichten. Erst am Sonnabend konnte in jedem Raum gearbeitet werden. Schon am folgenden Freitag bezogen wir die Küche. Ich gab Tanja und Ljudmila Geld, um Geschirr, Besteck, Gläser und eine Kaffeemaschine zu kaufen, eine Investition, die sich auszahlen würde, wie ich glaubte. Kaum waren sie wieder zurück, packte jeder, wie auf Verabredung, etwas zu essen aus – im Nu war der Tisch gefüllt, und wir tranken und erzählten bis in die Nacht.

Ich versuchte, in all dem Trubel klaren Kopf zu bewahren, und war bestrebt, diese Stimmung möglichst lange zu halten. Nie zuvor hatte es so viele Vorschläge zur Optimierung des Arbeitsablaufes und zur Verbesserung der Zeitung gegeben. Wir setzten unseren Ehrgeiz daran, schon die nächste Ausgabe in diesen Räumen herzustellen, und nutzten den Mittwoch, der ein wichtiger Produktionstag war, zum Einräumen und Fensterputzen. Niemand staunte, daß wir, trotz eines ungewöhnlich hohen Werbeaufkommens und eines fehlenden Tages, früher fertig waren als sonst. Ja, wir hätten am Donnerstag schon vor Mitternacht nach Hause gehen können, wären nicht die Probleme mit dem Drucker gewesen.

Endlich hatte es gezündet! Nun sollte ein neues Leben beginnen. Kam ich gegen zehn zur Arbeit, traf ich nicht wie früher nur Tanja, unsere Sekretärin, an – sie war gerade erst siebzehn geworden –, sondern fand bereits die drei Plätze am Computer besetzt. Hatte sich zuvor niemand für das Telefon verantwortlich gefühlt, wenn Tanja einmal nicht im Zimmer war, so geschah es jetzt häufiger als mir lieb war, daß die Journalisten oder die Mädchen vom Layout, Ljudmila und Irina, den Hörer abnahmen. Die Freude und das Engagement jedes einzelnen Mitarbeiters waren sogar noch am anderen Ende der Leitung spürbar. Tanja hingegen durchstreifte jetzt halbe Tage lang die Läden und Märkte, um preiswert Fleisch, Gemüse, Honig, Käse, Eier, Butter und Zutaten für Borschtsch, Soljanka, Pelmeni, Pizza, Rouladen und Pasteten zu kaufen. Als Sekretärin war sie faktisch überflüssig geworden.

Ich unternahm nichts dagegen, denn unsere Mittagessen waren der unbestrittene Höhepunkt eines jeden Tages. Es schmeckte nicht nur phantastisch, es war auch billiger, und die regelmäßige Ernährung tat allen gut. Blieb etwas übrig, gaben sie es mir mit, und ich kam auf diese Art zu einer weiteren warmen Mahlzeit. Last but not least, oder, w konze konzow, wie die Russen sagen: das Kollektiv, das Team, wurde durch die gemeinsamen Essen zusammengeschmiedet. Obwohl wir weiß Gott nicht nur über die Arbeit sprachen, erledigten sich die Redaktionssitzungen auf diese Art von selbst, die Abstimmung zwischen Außendienst und Anzeigensatz klappte hervorragend, und jede Anregung, egal, ob sie aus dem Vertrieb kam, von Lesern, Autoren oder Kunden – jede Anregung wurde aufgegriffen, weiterentwickelt und schien sich von selbst umzusetzen. Sogar unsere Honorarautoren hatten das veränderte Klima schnell erfaßt und stellten sich nun besonders gern zwischen drei und vier Uhr nachmittags ein. Anständigerweise waren die meisten von ihnen dazu übergegangen, sich durch wertvolle Naturalien, die entweder durch langes Anstehen oder nur zu Wucherpreisen erhältlich waren, an unseren Essen zu beteiligen. Deshalb wurden sie nicht nur geduldet, sondern regelrecht erwartet, weil sie einmal Auberginen, ein anderes Mal Fleisch oder Fisch, ein drittes Mal Pelmeni mitbrachten. Selbst zwischen Nichtrauchern und Rauchern herrschte ein Abkommen, das konsequent eingehalten wurde und weder die Arbeit noch die Gemütlichkeit oder, sagen wir besser, die Häuslichkeit störte. Das eine ruhte im anderen, und je nach Tageszeit verschob sich nur der Akzent. Unser Umsatz stieg spürbar. Die Firmenleitung in Deutschland beglückwünschte uns zu dem Ruck, der durch die Mannschaft gegangen sei, sprach von dem erwarteten Aufschwung und gewährte mir freie Hand bei der Prämienvergabe – natürlich in angemessenem Rahmen. Selten zuvor hatte mich eine Arbeit so befriedigt. Abends, wenn die Sonne wie ein Emblem über unserem Haus stand und das Bjelosselski-Bjeloserski-Palais gegenüber rot erglühte, rauchte ich auf dem Balkon eine Zigarette und blickte stolz auf den Newski zu meinen Füßen.

Dieses goldene Zeitalter währte knapp drei Monate. Anfang August bemächtigte sich meiner eine Unruhe, die ich mir damals aus verschiedenen Ursachen zusammengesetzt erklärte. Vor allem aber lag ihr wohl eine gewisse Überarbeitung zugrunde. Denn als die Ferienzeit bei uns ihren Höhepunkt erreichte, das erwartete Sommerloch aber ausblieb und der Umsatz kaum absank, wurden wieder Nachtschichten notwendig – die ersten in unseren neuen Räumen –, und ich verschob meinen Urlaub abermals. Sicherlich war es unklug, daß ich mich, nun schon seit einem Jahr, für unentbehrlich hielt, obwohl die Stimmung in der verkleinerten Mannschaft gelöst blieb und gut.

Sonja, deren Mann, ein Panzeroberst, vor zwei Jahren gestorben war und deren Tochter Polina den launischen, arbeitslosen Verlobten mit in die Wohnung gebracht hatte, übernachtete jetzt hin und wieder in der Redaktion, weil die letzte Metro längst gefahren war und sie damit die drei Stunden für Hin- und Rückweg sparte. Kam ich dann morgens, hatte sie bereits Tee gekocht, die Wohnung gewischt und das Geschirr abgewaschen.

Ende September, die Ferienzeit war ausgestanden, verschob ich meinen Urlaub erneut. Meine Unruhe war nicht verschwunden, im Gegenteil, sie hatte zugenommen. Obwohl wir wieder vollzählig waren und keine höhere Seitenzahl als in früheren Monaten zu bewältigen hatten, blieben die Nachtschichten. Nach jedem Urlaub ist das Bedürfnis zu erzählen besonders groß, und jeder braucht Zeit, sich wieder an die Arbeit zu gewöhnen. Das ist auch in Deutschland nicht anders. Aber als sich die Nachtarbeit sogar auf den Mittwoch auszudehnen begann, war klar, daß ich handeln mußte, zumal offensichtlich niemand außer mir an dieser Entwicklung Anstoß nahm. Ich stellte Pläne auf, die großzügig gehalten waren und dennoch am Donnerstag um neunzehn Uhr endeten. Jeder sollte jetzt ein Stück Verantwortung tragen.

Als ich Mitte Oktober eine neue Kartusche in den Drucker einsetzen wollte und den Schrank mit den Arbeitsmaterialien öffnete, traute ich meinen Augen nicht. Gut geordnet lagen da Tischdecken, Servietten, Bettzeug, Handtücher, Taschentücher, Wischtücher, Kosmetikbeutel, Damenstrümpfe und Unterwäsche. Hinter Vasen, Untersetzern, einem Mokkaservice und Kuchengabeln fand ich unseren Vorrat an Papier und schließlich auch die Kartusche.

Ich nahm die vier Damen beiseite und forderte eine Erklärung. Aber sie wußten nicht, was sie erklären sollten. Daß sie öfter die Nacht hier verbrachten, ja dazu genötigt waren, wüßte ich doch. Daran würde auch mein Plan nichts ändern, und ein bißchen Gemütlichkeit sei doch schön. Alles weitere ergebe sich von selbst. Sie boten mir aber an, die Unterwäsche und was Frauen sonst noch für die persönliche Pflege benötigen, hinter die Bettwäsche zu legen. Mit dem Zustand des Bades, das zwar sehr sauber war, aber irgendwie an einen Frisiersalon erinnerte, fing ich erst gar nicht an. Natürlich hatte ich nichts dagegen, daß auf der Toilette die Straßenschuhe standen und die Frauen in den Redaktionsräumen in Sandalen oder Hausschuhen herumliefen. Waren es aber anfangs jeweils nur vier Paar gewesen, so verdoppelte sich binnen kurzem ihre Zahl.

Nach diesem Gespräch wurde ich den Eindruck nicht mehr los, daß sie über mich tuschelten und kicherten.

Sosehr ich den früheren Zustand beschwor und geschickt Prämien ansprach, die ich bis an die Grenze des Möglichen ausgeschöpft hatte, die Auslastung der Arbeitszeit verschlechterte sich von Tag zu Tag. Die Essen aber dehnten sich derart aus, daß zwischen drei und sechs so gut wie nichts mehr passierte. Danach wurde Tee gekocht und Gebäck gereicht. Zwar erfüllten sie ihr tägliches Pensum, doch über die Arbeitsstunden war damit noch nichts gesagt. Wollte ich die Frauen nicht selbst mit dem Auto nach Hause bringen – ein Zeitaufwand von mindestens drei Stunden –, konnte ich gegen ihre Übernachtungen in der Redaktion nichts einwenden. Das Risiko, sie einfach vor die Tür zu setzen, war zu groß. Außerdem waren mir die Hände umso mehr gebunden, als alle, von der Sekretärin bis zum Redakteur, nicht nach Stunden bezahlt wurden, sondern nach Umsatz bei pünktlich abgelieferter Zeitung. Pünktlich bedeutete Freitag früh um sieben. Damit brachten sie es jetzt schon auf siebzig bis neunzig Dollar pro Monat. Aber das war doch kein Arbeiten mehr.

Bei Boris und Schenja, den Redakteuren, und Anton, dem Fotografen, fand ich ebenfalls kein Verständnis. Solange die Frauen ihre Arbeit machten und noch den Haushalt schmißen – schon allein diese Redewendung sagte alles –, sollte ich zufrieden sein. Sie blieben nur deshalb nicht über Nacht, weil sie Familie und Auto hatten. Da sie aber nichts heimzog, griff der Schlendrian auch auf sie über. Regelmäßig unterbrachen sie jetzt ihre Arbeit, um in die Banja zu gehen. Kamen sie wieder, wurde erst einmal getrunken – und dann schliefen sie meist an den Schreibtischen ein. Die Frauen umsorgten sie wie Helden.

Dabei konnte sich die Zeitung, die sie ablieferten, sehen lassen, auch wenn es mitunter an der letzten Sorgfalt mangelte. Ich wußte einfach nicht, wo ich den Hebel ansetzen sollte.

Was wollte ich gegen einen Kühlschrank vorbringen, gegen eine selbstgebastelte Duschecke mit Vorhang, gegen die Teppiche in den Arbeitsräumen, gegen das Klappsofa, das sie im Empfangszimmer plazierten, gegen das Bücherregal und die Reproduktionen der alten Ansichten von Petersburg?

An einem Morgen Anfang November, ich kam etwas früher als sonst, waren die Frauen gerade damit beschäftigt, wieder die roten samtenen Vorhänge anzubringen, die ich eigenhändig bei unserem Einzug in den Müll geworfen hatte. Von den weißen Jalousien zeugten nur noch die Haken über den Fenstern. Nun war die Gelegenheit zum Einschreiten gekommen, endlich!

Die Vorhänge seien neu genäht, der Stoff so gewählt, daß er zumindest farblich dem alten entsprach. Die Atmosphäre, so erfuhr ich, sei zu kalt und unpersönlich mit Jalousien. Nur zwei Wochen hätten sie gebraucht, erklärten sie stolz, nur zwei Wochen vom Maßnehmen und Kaufen bis zum letzten Nadelstich. Die Jalousien störten beim Aufhängen, danach kämen sie selbstverständlich wieder an ihren Platz. Aber hätten sie es mir denn nicht vorher sagen können? Es sollte doch eine Überraschung sein, wirklich, eine Überraschung. Wie konnten sie wissen, dass ich mich nicht darüber freuen würde, wer hätte denn so etwas geahnt, sich nicht freuen und noch schimpfen. Sonja schossen die Tränen in die Augen. Bezahlt war alles vom Geld ihrer Prämien. Es sollte die Firma nichts kosten.

Natürlich steht man als Chef immer irgendwie allein da, ist ausgegrenzt vom Leben der anderen. Das ist normal und hat auch seine Berechtigung, doch war für mich diese Erfahrung in Russland neu. Mir wiederum warfen sie vor, ich würde mich mehr und mehr von der Gemeinschaft absondern. Ich ginge auf keine Einladung mehr ein, stünde immer als Erster vom Tisch auf, machte ein mürrisches Gesicht, lachte über keinen Scherz mehr, würde immerzu auf die Uhr zeigen, und Lob hätte ich schon gar nicht mehr für sie, obwohl die Artikel, die Gestaltung, die Anzeigen, der Service und der Vertrieb in der Stadt ihresgleichen suchten. Oder hätte ich Probleme zu Hause?

Ich gehe leidenschaftlich gern in die Banja, liebe gutes Essen und beteilige mich auch selbstverständlich an einer interessanten Unterhaltung. Aber ich bin es gewohnt, die Arbeit so effektiv wie nur möglich zu gestalten, um dann die freie Zeit zu genießen, von mir aus in der Sauna oder beim gemeinsamen Essen. Das Sprichwort »Dienst ist Dienst, und Schnaps ist Schnaps« hat schon seine Richtigkeit, auch wenn es simpel klingt.

Ich war in einer fürchterlichen Lage. Entweder machte ich diesen zermürbenden Trott mit und kam so gut wie gar nicht mehr aus der Redaktion und zum Schlafen, oder ich ließ alle fünfe gerade sein. Doch ein Kapitän geht immer als Letzter von Bord.

Nicht mal mehr am Wochenende fuhren die Frauen heim. Sie machten sauber, wuschen ihre Wäsche, gingen nachmittags spazieren und Eis essen, abends dann ins Konzert, Kino, manchmal zum Tanzen. Der Rückweg zur Redaktion war immer kurz.

Die Frauen von Boris und Schenja, denen das Ausbleiben ihrer Männer rätselhaft vorkam, übten sich darin, sie unerwartet zu kontrollieren. Das führte dazu, dass sie dann erleichtert und glücklich bei uns in der Küche sitzen blieben, die Gemütlichkeit lobten und aufgekratzt plapperten, anstatt ihre Gatten mitzunehmen. Diese wiederum warteten jetzt regelrecht auf ihre Frauen und spielten Schach, nachdem sie ihr Pensum geschafft oder auf den nächsten Tag verschoben hatten.

Auch die Hausbewohner nahmen Anteil an dem lustigen Leben meiner Belegschaft, klingelten unter dem Vorwand, ihnen sei das Salz ausgegangen oder sie hätten den Schlüssel verlegt und müssten die Rückkehr ihrer Frau abwarten. Natürlich wurde ihnen Tee angeboten, und solange Besuch da war, galt es als unhöflich zu arbeiten. Kreuzte schließlich die Ehefrau mit dem Schlüssel auf, plauschten sie gemeinsam noch zwei Stündchen, nicht ohne sich am Ende als schreibende Mitarbeiter zu empfehlen. Die Honorare, die wir im Laufe der Zeit an Nachbarn und deren Verwandte zahlten, hätten zur Sanierung des Treppenhauses ausgereicht.

Ich schuftete indes, um den Leuten durch mein Vorbild zu bedeuten, daß es auch anders ginge. Sogar Tipparbeiten übernahm ich, was mich auf der kyrillischen Tastatur einen Haufen Zeit kostete. Doch wie alle anderen Maßnahmen verpuffte auch diese. Im Gegenteil. Verdrehte Augen und Schulterzucken waren noch die freundlichsten Reaktionen. Tanja zählte mir meine Fehler auf, und Anton, der Fotograf, fand es nicht in Ordnung, daß ein Chef sich in Arbeit einmischte, von der er nichts verstand. Er zitierte mich: Daß es egal sei, wann man eine Zeitung mache, Hauptsache, sie sei gut und erscheine pünktlich.

Immer, wenn ich antworten wollte, war mein Kopf wie leergeblasen. So fiel mir auch kein passendes Argument ein, als sie stolz einen tragbaren Fernseher präsentierten, natürlich nur, um die aktuellen Meldungen noch aufzufangen – und das bei einer Wochenzeitung! Der schwarze Kater, der anfangs sein Näpfchen vor unserer Eingangstür hatte, schlief jetzt in der Küche – es war Winter. Oder wollte ich, daß er erfriere? Die Nachbarn klingelten sogar, wenn Blintschik, so hieß er, vor unserer Tür saß.

An einem Sonntag Anfang Dezember, ich hatte vergessen, ein Fax abzusenden, betrat ich vormittags die Redaktion. Aus dem Empfangszimmer drang ein Wimmern. Alle vier Damen umstanden das Sofa, auf dem eine alte Frau lag. Man zischte mir zu, um Himmels willen leise zu sein, der Arzt sei schon verständigt, Irinas Großmutter sei zu Besuch gekommen und fühle sich nicht wohl. Die ganze Nacht habe sie gestöhnt, sie hätten kaum schlafen können. Am Dienstag starb die Großmutter, Gott sei Dank nicht in der Redaktion. Aber ihr Tod reichte aus, das Erscheinen der nächsten Nummer ernsthaft zu gefährden, sosehr nahm er die Frauen mit.

Ich wußte nicht weiter. Meine Augen brannten, die Hände wurden schweißig, in der Lunge Nadelstiche. Als mir Sonja dann noch riet – ich hatte sie einst als meine Vertraute gesehen –, ich müße doch nichts weiter tun als in der Küche sitzen, Tee trinken, rauchen oder spazieren gehen, mir aber keinesfalls Sorgen machen, befreite ich mich aus ihrer Umarmung und stürzte hinaus. Unglücklicherweise erwischte ich den hereinhuschenden Blintschik, als ich die Redaktionstür zuschmiß. Scheußlich schrie der Kater auf, und die Frauen liefen jammernd herbei.

Weniger wütend als ratlos berichtete ich endlich meiner Firmenleitung im wöchentlichen Fax. Ich formulierte zurückhaltend, mehr in Andeutungen. Das aber mußte ich tun, um abgesichert zu sein, wenn eines Tages die Stuttgarter vor der Tür stünden. Wie sollte ich ihnen unser Chaos erklären, ganz davon zu schweigen, daß ich selbst darunter litt.

Noch am selben Abend, man bedenke, es war Freitag, erhielt ich einen Anruf. Ich wurde mit dem Geschäftsführer verbunden.

»Ruhe!«, brüllte ich in den Raum und machte mich auf alles gefaßt.

Diplom-Volkswirt Schäfer war kein Mann von Verbindlichkeiten und erklärte mir kurz, nachdem es schien, als müße er sich daran erinnern, warum er mich angerufen hatte, daß ich über einen Kurier das nötige Geld erhalten werde. Ich solle alles vorbereiten, damit der Kauf noch in diesem Jahr zustande käme, »oder datieren die Russen auch zurück?« Ich fragte, ob er da nicht etwas verwechsle, ich hätte ihn nicht um Geld gebeten.

»Nein, wieso?«, erwiderte er. Die Zeitung laufe nicht schlecht – Immobilien zu kaufen sei nie verkehrt. Ich solle eine weitere Wohnung erwerben, dort aber von Anfang an eine Arbeitsorganisation nach westlichem Standard durchsetzen. Effektivität als Grundlage zur Marktführerschaft!

»Wozu haben wir Sie sonst geschickt?« Ich hörte ihn auflachen.

»Und unsere Wohnung?«, fragte ich erregt.

»Die überlassen Sie den Frauen. Oder wollen Sie die etwa da rausschmeißen?«

Ich verneinte, er wünschte mir ein schönes Wochenende, ein gesegnetes Weihnachtsfest und ein gesundes und erfolgreiches neues Jahr. Ich wünschte ihm dasselbe.

Als ich aufgelegt hatte, begegnete ich den erwartungsvollen Blicken der Belegschaft. Ich aber schwieg, öffnete zum ersten Mal seit Monaten wieder die Balkontür, trat hinaus in die friedlich treibenden Schneeflocken und zündete mir eine Zigarette an.

Wie festlich waren die Paläste um uns her erleuchtet. Wie glänzte, wie glitzerte der endlose Newski. Allmählich verschwammen die Lichter. An meinen Waden rieb sich Blintschik.

LÉON GOZLAN

Balzacs goldener Tee

Zu dinieren pflegte Balzac in einem der Zimmer, die im Erdgeschoss lagen. Um sechs Uhr wurde serviert; aber nur für seine Freunde, denn er selber kam zuweilen erst zum Nachtisch, oft blieb er überhaupt aus. Die fortgesetzten Unregelmäßigkeiten seiner Lebensweise verursachten ihm dauernd Magenbeschwerden. Er trank für gewöhnlich nur Wasser, aß wenig Fleisch, dafür aber eine Unmenge Obst. Was an Früchten auf seine Tafel kam, war erstaunlich frisch und ausgesucht schön, und beim Anblick einer Pyramide von Birnen oder Pfirsichen, von denen keine der anderen an Verlockungen nachstand, geriet er beinahe in wollüstige Verwirrung, so dass seine Lippen zu zucken, seine Augen zu funkeln anfingen und seine Hände zu zittern. Er pflegte hastig zu essen, ja das Obst verschlang er nur so. Bei Tische erwies er sich als prächtiger Pantagruelist: Er hatte die Krawatte abgelegt und den Hemdkragen geöffnet, hielt das Obstmesser robust in der Faust, nahm dann und wann einen Schluck Wasser, zerteilte gewaltig eine fleischige Pastorenbirne, lachte und – fast hätte ich gesagt: – plauderte, doch Balzac sprach nur wenig bei Tische. Meist ließ er die anderen sprechen und lachte nur still vor sich hin; dann aber, wenn ihm etwas gefiel, platzte er los wie eine Bombe. Von gepfefferten Tischgesprächen konnte er nie genug bekommen. Er konnte sich schütteln vor unbändigem Vergnügen, ein echter, freier Tourainer, dass wir oft glaubten, Rabelais im Refektorium der Abtei Thelem vor uns zu haben. Der Meister war jederzeit bereit, sich durch den belanglosesten und abgeschmacktesten Kalauer zu toller Heiterkeit hinreißen zu lassen, besonders wenn er merkte, dass, der die Witze riss, von seinen exquisiten Weinen inspiriert war.

Bei Balzac wurde wacker gezecht; mitunter allzu wacker. Wobei denn oft recht merkwürdige Dinge geschahen.

Ich erinnere mich noch deutlich eines vornehmen Russen, der, in jenem Zustande, den man gewöhnlich »heulendes Elend« nennt, etwa von Mitternacht bis zwei Uhr morgens heiße Tränen vergoss über das traurige Los eines seiner Freunde, welcher für den Rest seincs Daseins verdammt war, in Tobolsk, dem innersten Sibirien, dahinzuschmachten. Mit der Erzählung von seinem trefflichen Freunde wusste er uns so tief zu rühren, dass am Ende wir alle herzzerbrechend weinten, ohne eigentlich zu wissen, wieso. Je mehr wir tranken, desto tiefer stieg unser Unglücklicher in die Eingeweide der Erde hinab. Um zwei Uhr morgens war er so tief in Magma, Schwefel, Quecksilber und Platin getaucht, dass wir ihn aufgeben mussten. Einige Tage darauf erklärte uns Balzac, dieser Schelm aus Russland habe nie und nimmer einen Freund in Tobolsk gehabt; er hätte es ihm selber gestanden. Es war der Rheinwein, der unsere Gemüter verwirrt hatte, so dass wir ein wenig mitschuldig an dieser reichlich larmoyanten Geschichte wurden.

Malaga, Seraphita, Vautrin, Erlesenheiten jeder Art tauchten an der Tafel von Les Jardies auf, von den hell leuchtenden bis zu den tief dunklen. Unter welchen ich nie die Madame de Bocarmé vergessen werde, die so wunderbar die Zunge löst. Eines Abends erzählte Balzac, durch ihren Zauber beseligt, von der Insel Java und schilderte ihre Landschaften, ihre Ungeheuerlichkeiten, ihre Pracht und ihre furchtbaren Krankheiten mit einer wissenden Vertrautheit, einem Feuer des Ausdrucks und so funkelnden Farben, dass dieser Abend für mich einer der merkwürdigsten und unvergesslichsten wurde.

Nach dem Diner gingen wir gewöhnlich auf die Terrasse, den Kaffee einzunehmen. Balzacs Kaffee hätte verdient, sprichwörtlich zu werden. Selbst der berühmte Kaffee Voltaires kann meines Erachtens nicht köstlicher gewesen sein. Welche Farbe und welch feines Aroma! Balzac bereitete ihn persönlich. Zumindest beaufsichtigte er die Zubereitung. Sein Rezept war grundgelehrt, raffiniert und göttlich wie sein Genie.

Dieser Kaffee setzte sich aus drei Sorten von Bohnen zusammen: Bourbon, Martinique, Mokka. Den Bourbon kaufte er in der Rue du Mont-Blanc, den Martinique in der Rue des Vieilles-Audriettes bei einem Krämer, der dieses glorreiche Rezept heute noch nicht vergessen haben dürfte, und den Mokka im Faubourg Saint-Germain bei einem Händler der Rue de l'Université, doch wüsste ich nicht mehr zu sagen, bei welchem, obgleich ich Balzac wiederholt auf seinen Einkaufs-Expeditionen begleitet habe. Es war jedes Mal eine halbe Tagesreise quer durch Paris. Aber ein guter Kaffee ist so viel Mühe schon wert.

Neben diesem unvergleichlichen Kaffee hielt Balzac auf einen nicht weniger unübertrefflichen Tee, der, fein wie Latakia-Tabak und von einer Farbe wie venezianisch Gold, durchaus der Lobpreisung würdig war, mit der ihn der Meister verherrlichte, ehe wir ihn kosten durften. Ja, es bedurfte in der Tat einer Art von Weihe, durch die man erst das Recht erlangte, ihn zu schlürfen. Ungeweihte durften ihn nicht trinken und selbst die Adepten nicht alle Tage. Gleichsam nur an lang und feierlich eingeläuteten Festtagen entnahm er ihn der Kamtschatkadose, in welcher er eingeschreint war wie eine Reliquie, und löste ihn priesterlich langsam aus dem mit Hieroglyphen bemalten Seidenpapier, in das er eingewickelt war.

Dann, mit immer neuer Freude für ihn und für uns, hub Balzac an, die Geschichte dieses famosen Goldtees vorzutragen. Die Sonne brachte den Tee – so lautete seine Erzählung – einzig und allein für den Kaiser von China zur Reife. Mandarinen der ersten Klasse oblag es so wie durch Geburtsprivilegien, ihn zu begießen und zu behüten. Jungfräuliche Mädchen pflückten den Tee vor Sonnenaufgang und trugen ihn unter Hymnen zu den Füßen des Kaisers. Nur in einer einzigen Provinz Chinas gedieh dieser zauberische Tee, und nur einige Pfund lieferte diese geheiligte Provinz davon, und diese wenigen kostbaren Pfund waren wiederum ausschließlich für seine kaiserliche Majestät und allenfalls noch für den jeweils ältesten Sohn seines erhabenen Hauses bestimmt. In seinen huldreichsten Stunden geschah es, dass, auf eine Eingebung der Götter und durch besondere Gnadenwirkung, der Kaiser von China sich bewogen fühlte, einige Handvoll des köstlichen Tees durch eine Karawane dem Kaiser von Russland zu senden. Und nun hatte Balzac durch den Minister des Zaren unter persönlicher Vermittlung des russischen Gesandten jenen ungeheuer kostbaren Tee erhalten, mit welchem er seinerseits die Liebenswürdigkeit hatte, uns zu beglücken.

Die letzte Sendung, von der ebendieser goldgelbe Tee herrührte, eine Aufmerksamkeit des Herrn von Humboldt, hätte beinahe unterwegs liegen bleiben müssen. Menschenblut haftete daran. Auf dem Rückweg war die russische Karawane von Tartaren und Kirgisen überfallen worden, und ein unsagbar blutiger und langwieriger Kampf hatte erst stattfinden müssen, ehe man in Moskau, dem Bestimmungsort, anlangte. Es war, wie man leicht sieht, eine Art Argonauten-Tee. Mit der Geschichte von der Expedition war es noch nicht genug; es folgte die Erzählung von des Tees höchst erstaunlichen Eigentümlichkeiten. »Nimmt man hintereinander drei Tassen von diesem goldenen Tee, so wird man auf einem Auge blind; nimmt man sechs Tassen, auf allen beiden«, behauptete Balzac. So sagte denn Laurent Jan bei jeder neuen Tasse von dem Wundertee, der an den fabulösesten Stellen von Tausend und Eine Nacht hätte vorkommen können –: »Schenken Sie ein, Verehrtester; ein Auge riskier ich!«

So oft Balzac auch seine Freunde einlud, kam es doch selten genug vor, dass er den ganzen Abend in ihrer Gesellschaft verbrachte. War er inmitten einer dringlichen Arbeit begriffen, geschah es niemals.

Dann verabschiedete er sich sogleich nach dem Dessert und begab sich zu Bett. Er trennte sich schwer von der kleinen Gesellschaft, um aus dem Garten in das Landhaus zurückzukehren, gedankenbeladen. Im Sommer um sieben Uhr, mitten in der sanftesten Pracht des Abends, zwang er sich zu einem ungesunden Schlaf. Um Mitternacht erhob er sich wieder und arbeitete bis in den hellen Tag. Er führte das Leben eines Galeerensträflings: furchtbar, widernatürlich und voll tödlicher Anstrengungen.

Es wird selten einer so viele Nächte durchwacht haben wie Balzac. Das unendliche nächtliche Schweigen, die Stille von Leben und Natur, gaben ihm die Ruhe, die er zum Erschaffen seiner Meisterwerke nötig hatte. Auf seinen Spaziergängen durch die Waldeinsamkeit von Ville-d'Avray und Versailles phantasierte und grübelte er. Oft war er, wie er mir selbst erzählte, am Morgen barhäuptig, in Schlafrock und Pantoffeln, plötzlich wie erwachend auf der Place du Carrousel gestanden, nachdem er die ganze Nacht Wälder und Wiesen, Ebenen und Dörfer durchstreift hatte. Er kletterte nun auf das Oberdeck der Versailler Postkutsche und kam, über Sèvres, nach Ville-d'Avray zurück. Nur vergaß er dabei, den Kutscher zu bezahlen, und dies aus dem begreiflichen Grunde, weil er ohne einen Sou aus Les Jardies fortgelaufen war. Die Überraschung ob solcher Unannehmlichkeit verübelte ihm niemand; alle Kondukteure kannten ihn, und er, der Herr von Balzac, hatte neben anderen sehr orginellen Angewohnheiten eben diese: nie Geld bei sich zu haben. Ebenso wenig, wie er sich eine Taschenuhr angewöhnen konnte.

T.S. ELIOT

Jetzt da der Flieder blüht

Jetzt da der Flieder blüht
Hat sie in ihrer Schale Flieder stehn
Und zwirbelt einen Zweig in ihren Fingern, da
sie spricht.
»Ach, Freund, du weißt ja nicht, du weißt ja nicht
Was Leben ist, obwohl dus in Händen hältst«:
(Sie zwirbelt sachte ihren Flieder)
»Du lässt es dir entgleiten, ja entgleiten,
Die Jugend ist grausam und kennt keine
Reue
Und lächelt über Dinge, die sie nicht begreift.«
Ich lächle, klar.
Und trinke weiter Tee.

LEWIS CARROLL

Aberwitz und Fünf-Uhr-Tee

Unter einem Baum vor dem Haus stand ein gedeckter Tisch, und der Hutmacher und der Schnapphase hatten sich schon daran niedergelassen und tranken Tee; zwischen den beiden saß eine Haselmaus und schlief vor sich hin, während sich ihre zwei Nachbarn mit den Ellbogen auf sie aufstützten und über ihren Kopf hinweg unterhielten. »Unbequem für die Haselmaus«, dachte Alice; »aber da sie schläft, macht es ihr wahrscheinlich nichts aus.«

Der Tisch war schon eher eine Tafel, doch saßen alle drei eng zusammengedrängt in einer Ecke. »Besetzt! Besetzt!«, riefen sie, als sie Alice näher treten sahen. »Von besetzt kann doch gar keine Rede sein!«, sagte Alice empört und setzte sich in einen großen Sessel am Tischende.

»Ein Schluck Wein?«, fragte der Schnapphase einladend.

Alice sah sich auf dem Tisch um, aber da stand nur eine Teekanne. »Ich sehe keinen Wein«, bemerkte sie.

»Ist auch gar keiner da«, sagte der Schnapphase.

»Dann war es nicht sehr höflich, welchen anzubieten«, sagte Alice zornig.

»Es war auch nicht sehr höflich, sich ungebeten an unsern Tisch zu setzen«, sagte der Schnapphase.

»Ich konnte ja nicht wissen, daß es *euer* Tisch war«, versetzte Alice; »es ist für viel mehr als drei gedeckt.«

»Du mußt zum Friseur«, sagte der Hutmacher. Er hatte Alice bisher nur neugierig angeschaut, und dies war sein erster Beitrag zur Unterhaltung.

»Solche direkten Bemerkungen solltest du dir abgewöhnen«, sagte Alice mit einiger Strenge; »sie sind unschicklich.«

Der Hutmacher riß die Augen weit auf, als er das hörte, aber alles, was er sagte, war: »Was ist der Unterschied zwischen einem Raben und einem Schreibtisch?«

»Na, jetzt wird es schon lustiger«, dachte Alice, »jetzt kommen Rätsel an die Reihe! – Ich glaube, das bringe ich heraus«, sagte sie laut.

»Du meinst, du wirst es erraten?«, fragte der Schnapphase.

»Genau das«, sagte Alice.

»Dann solltest du auch sagen, was du meinst«, fuhr der Schnapphase fort.

»Das tu ich ja«, widersprach Alice rasch; »wenigstens – wenigstens meine ich, was ich sage – und das kommt ja wohl aufs gleiche heraus.«

»Ganz und gar nicht«, sagte der Hutmacher. »Mit demselben Recht könntest du ja sagen: ›Ich sehe, was ich esse‹ ist das gleiche wie ›Ich esse, was ich sehe‹!«

»Mit demselben Recht könntest du ja sagen«, fiel der Schnapphase ein, »›Was mir gehört, gefällt mir‹ ist das gleiche wie ›Was mir gefällt, gehört mir‹!«

»Mit demselben Recht könntest du ja sagen«, fügte die Haselmaus hinzu, die offenbar im Schlafe sprach, »›Solange ich schlafe, leb ich‹ ist das gleiche wie ›Solange ich lebe, schlaf ich‹!«

»In deinem Fall *ist* das auch das gleiche«, sagte der Hutmacher, und daraufhin stockte die Unterhaltung, und alle saßen eine Weile stumm da, während Alice in Gedanken alles durchging, was sie über Schreibtische und Raben wußte, und das war nicht eben viel.

Der Hutmacher unterbrach das Schweigen zuerst. »Den wiewievielten haben wir heute?«, fragte er, sich an Alice wendend; und dabei zog er eine Uhr aus der Tasche, sah sie bekümmert an, schüttelte sie verschiedentlich hin und her und hielt sie sich schließlich ans Ohr.

Alice dachte nach und sagte dann: »Den Vierten.«

»Zwei Tage geht sie nach!«, seufzte der Hutmacher. »Ich habe dir ja gleich gesagt, Butter ist für das Uhrwerk nichts!« fuhr er fort und sah den Schnapphasen böse an.

»Es war aber echte Tafelbutter«, erwiderte der Schnapphase sanft.

»Das schon, aber es sind eben Krümel mit hineingeraten«, murrte der Hutmacher; »warum hast du auch das Brotmesser dazu nehmen müssen!«

Der Schnapphase griff nach der Uhr und schaute sie mißmutig an; dann tunkte er sie in seinen Tee und betrachtete sie nochmals – aber etwas Besseres als seine Antwort von vorher fiel ihm auch dann nicht ein: »Echte Tafelbutter war das nämlich.« Alice hatte ihm neugierig über die Schulter gesehen. »Das ist einmal eine komische Uhr!«, bemerkte sie. »Die zeigt ja nur Tage an und keine Stunden!«

»Wozu auch!«, brummte der Hutmacher. »Zeigt *deine* Uhr vielleicht das Jahr an?«

»Natürlich nicht«, versetzte Alice schlagfertig, »aber das kommt daher, daß es so lange das gleiche Jahr bleibt.«

»Und genau das trifft auch bei *meiner* zu«, sagte der Hutmacher. Daraus konnte Alice nun gar nicht klug werden. Die Antwort des Hutmachers schien keinerlei Sinn zu haben, und doch waren alle Wörter darin deutsch. »Ich begreife nicht ganz«, sagte sie, so höflich sie konnte.

»Die Haselmaus schläft schon wieder«, sagte der Hutmacher und setzte in vertraulichem Tone hinzu: »Wir nennen sie unter uns oft einfach nur den Siebenschläfer.« Und dabei griff er zur Teekanne und goß ihr etwas heißen Tee über die Nase.

Die Haselmaus schüttelte unwillig den Kopf und sagte, ohne dabei die Augen zu öffnen: »Gewiß, gewiß; ich wollte eben dasselbe sagen.«

»Hast du das Rätsel schon herausgebracht?«, fragte der Hutmacher, wieder zu Alice gewandt.

»Nein, ich gebe es auf«, sagte Alice, »wie heißt denn die Lösung?«

»Keine Ahnung«, sagte der Hutmacher.

»Auch nicht«, sagte der Schnapphase.

Alice seufzte müde auf. »Ich finde, ihr könntet etwas Besseres mit eurer Zeit tun, als sie auf Rätsel ohne Lösung zu verschwenden«, sagte sie.

»Du hast aber unklare Vorstellungen von Zeit!«, sagte der Hutmacher. »Wenn du damit so gut bekannt wärst wie ich, würdest du nicht davon reden, daß man *sie* verschwendet. Es ist nämlich ein *Er*.«

»Ich weiß nicht, was du damit sagen willst«, erwiderte Alice. »Natürlich nicht!«, sagte der Hutmacher und warf höhnisch den Kopf zurück. »Wahrscheinlich hast du mit ihm noch nie auch nur zwei Worte gewechselt!«

»Das vielleicht nicht«, räumte Alice nicht ohne Vorsicht ein, »aber ich kenne mich doch sehr gut aus, wenn es zu Haus die Uhrzeit schlägt.«

»Da haben wirs schon!«, sagte der Hutmacher. »Schläge läßt er sich nicht gefallen. Aber wenn du dich ein bißchen besser mit ihm stellst, tut er fast alles, was du von ihm haben willst. Stell dir zum Beispiel einmal vor, es ist acht Uhr morgens, und gleich beginnt die Schule: nur ein Wort in sein Ohr gewispert, und schon sausen die Zeiger wie im Fluge rundum – ein Uhr! Zeit zum Mittagessen!«

(»Wenns nur wieder einmal soweit wäre!«, flüsterte der Schnapphase vor sich hin.)

»Das wäre freilich wunderbar«, sagte Alice nachdenklich, »nur dann hätte ich doch noch gar keinen Hunger!«

»Vielleicht nicht gleich«, sagte der Hutmacher, »aber du könntest es ja ein Uhr sein lassen, solange du wolltest.«

»So macht ihr es wohl hier?«, fragte Alice.

Der Hutmacher schüttelte wehmütig den Kopf. »Ach nein!«, antwortete er. »Ich habe mich im letzten Frühjahr mit ihm zerstritten, kurz bevor *der* da übergeschnappt ist –« (und dabei deutete er mit dem Teelöffel auf den Schnapphasen) »– da gab nämlich die Herzkönigin ein Festkonzert, und ich mußte das Lied vortragen:

Weißt du, wieviel Sternlein stehen
Auf dem weiten Kanapee?

Du kennst das Stück vielleicht?«

»Es kommt mir bekannt vor«, sagte Alice.

»Es geht weiter«, half der Hutmacher nach, »wie folgt:

Statt daß sie am Himmel baumeln,
Taumeln sie hier durch den Tee.
Taumel, baumel –«

Und hier schüttelte sich die Haselmaus und begann im Schlaf zu singen: »Taumel, baumel, taumel, baumel –«, und zwar so lange immerfort, daß man sie schließlich zwicken mußte, um sie zum Schweigen zu bringen.

»Nun, ich war noch kaum mit der ersten Strophe fertig«, sagte der Hutmacher, »da sprang die Königin auch schon auf und brüllte: ›Er schlägt ja nur Zeit tot! Kopf ab mit ihm!‹«

»So etwas Barbarisches!«, rief Alice aus.

»Seit diesem Tag«, fuhr der Hutmacher in kläglichem Ton fort, »erfüllt er mir keine einzige Bitte mehr, und es bleibt immer fünf Uhr.«

Alice kam die Erleuchtung. »Sind vielleicht deswegen so viele Teesachen gedeckt?«, fragte sie.

»Allerdings«, seufzte der Hutmacher; »es ist ständig Zeit zum Fünf-Uhr-Tee, und zum Abspülen kommen wir nie.«

»Dann macht ihr also langsam die Runde um den Tisch, oder?«, erkundigte sich Alice.

»Genau«, sagte der Hutmacher; »sobald ein Gedeck benutzt ist, rücken wir eins weiter.«

»Aber was passiert dann, wenn ihr wieder zum Anfang zurückkommt?«, fragte Alice beherzt weiter.

»Wie wärs denn, wenn wir von etwas anderem sprächen«, fiel der Schnapphase ein und gähnte. »Das ist doch langweilig. Ich bin dafür, daß uns die junge Dame hier etwas erzählt.«

»Aber ich weiß leider nichts«, sagte Alice ziemlich erschrocken über diesen Vorschlag.

»Dann muß die Haselmaus!«, riefen sie beide. »Wach auf, Haselmaus!« Und dabei kniffen sie das Tier gleichzeitig von beiden Seiten.

Die Haselmaus hob langsam die Lider. »Ihr meint wohl, ich schlafe?«, sagte sie mit heiserer, schwacher Stimme; »ich habe jedes Wort gehört, was ihr drei da gesprochen habt.«

»Erzähl uns was!«, sagte der Schnapphase.

»O ja, bitte!«, bat Alice.

»Und beeil dich ein bißchen«, fügte der Hutmacher hinzu, »sonst schläfst du wieder ein, bevor die Geschichte zu Ende ist.«

»Es waren einmal drei kleine Schwestern«, begann die Haselmaus mit großer Hast, »die hießen Hilde, Else und Trine und lebten in einem Mühlrad –«

»Wovon denn?«, fragte Alice, die sich für alles interessierte, was Essen und Trinken anging.

»Von Karamel«, sagte die Haselmaus, nachdem sie eine Weile nachgedacht hatte.

»Das ist aber nicht gut möglich, oder?«, bemerkte Alice dazu sanft; »sie wären ja auf die Dauer krank davon geworden.«

»Das waren sie auch«, sagte die Haselmaus; *sehr* krank sogar.«

Alice versuchte sich diese ungewöhnliche Lebensweise genauer vorzustellen, aber sie kam dabei so durcheinander, daß sie nur noch fragte:

»Warum lebten sie denn in einem Mühlrad?«

»Darf ich dir noch etwas Tee zugießen?«, fragte der Schnapphase Alice mit ernster Miene.

»Ich habe ja überhaupt noch keinen bekommen«, versetzte Alice gekränkt, »und darum wirst du mir auch kaum etwas zugießen können.«

»Du meinst, er kann dir nichts *weggießen*«, sagte der Hutmacher; »*zugießen* kann man immer, und zwar um so mehr, je leerer die Tasse ist.«

»Du bist nicht gefragt«, sagte Alice.

»Wer macht denn jetzt die direkten Bemerkungen?«, gab der Hutmacher auftrumpfend zurück.

Alice wußte nicht recht, was sie darauf sagen sollte; sie goß sich also lieber Tee ein, griff nach einem Butterbrot und wandte sich mit ihrer Frage wieder an die Haselmaus: »Warum denn in einem Mühlrad?«

Darüber mußte die Haselmaus wiederum eine Weile nachdenken; dann sagte sie: »Es war eine Karamelmühle.«

»So was gibt's doch gar nicht!«, fiel ihr Alice ungehalten ins Wort, aber der Hutmacher und der Schnapphase machten: »Sch! Sch!«, und die Haselmaus sagte mürrisch: »Wenn du dich schlecht benehmen willst, kannst du die Geschichte selber zu Ende erzählen.«

»Nein, nein, bitte erzähl doch weiter!«, sagte Alice. »Ich will auch nicht mehr dazwischenfragen. *Eine* Karamelmühle gibt es ja vielleicht wirklich auf der Welt.«

»Eine? Daß ich nicht lache!«, sagte die Haselmaus beleidigt. Aber sie fand sich doch bereit fortzufahren. »Also, diese drei Schwestern – die wollten mahlen lernen, nicht wahr –«

»Was wollten sie denn malen?«, fragte Alice, die ihr Versprechen schon wieder vergessen hatte.

»Karamel«, sagte die Haselmaus, ohne diesmal auch nur einen Augenblick nachzudenken.

»Ich möchte eine saubere Tasse haben«, unterbrach sie der Hutmacher; »wir wollen alle einen Stuhl weiterrücken.«

Bei diesen Worten rutschte er auf den nächsten Platz hinüber und die Haselmaus hinter ihm drein; der Schnapphase setzte sich auf den Platz der Haselmaus, und auch Alice rückte nach, wenngleich ziemlich mißmutig. Als einziger war der Hutmacher bei dem Platzwechsel gut weggekommen – Alice dagegen hatte einen recht schlechten Tausch gemacht, denn der Schnapphase hatte gerade das Milchkännchen über seinen Teller ausgeschüttet.

Alice wollte die Haselmaus nicht schon wieder kränken und sagte daher sehr vorsichtig:

»Ich verstehe nicht ganz. Wie haben sie denn den Karamel malen können?«

»Wenn man mit einer Mehlmühle Mehl mahlen kann«, sagte der Hutmacher, »dann wird man mit einer Karamelmühle doch auch Karamel mahlen können – eh, Dummerchen?«

»Ich denke, sie wohnten in dem Mühlrad«, sagte Alice, die anzügliche Bemerkung des Hutmachers geflissentlich überhörend, »aber da hätte sich das Rad doch gedreht!«

»Hat es ja auch«, sagte die Haselmaus; »aber deswegen waren sie noch lange nicht radlos.«

Diese Antwort brachte Alice so durcheinander, daß sie die Haselmaus eine ganze Weile nicht mehr unterbrach.

»Sie lernten also malen«, fuhr die Haselmaus fort und begann dabei zu gähnen und sich die Augen zu reiben, denn sie wurde allmählich sehr schläfrig; »und sie malten alle möglichen Sachen – alles, was mit S angeht –«

»Warum mit S?«, fragte Alice.

»Warum nicht?«, fragte der Schnapphase.

Alice schwieg.

Die Haselmaus hatte inzwischen schon die Augen geschlossen und war eingeschlummert, doch vom Hutmacher in die Seite gezwickt, kam sie leise aufquietschend wieder zu sich und fuhr fort: »– was mit S angeht, wie Sichelbein und Sonne und Seelsorge und Selbstheit – du weißt ja, man sagt oft von etwas, es sei ›die Selbstheit selbst‹ – vielleicht hast du das auch schon einmal gesehen, das Gemälde von einer Selbstheit?«

»Also jetzt, wo du mich fragst«, sagte Alice in größter Verwirrung, »glaube ich nicht –«

»Dann halte den Mund«, sagte der Hutmacher.

Bei soviel Ungezogenheit riß Alice nun endgültig die Geduld, und ganz angewidert stand sie auf und schritt davon; die Haselmaus schlief auf der Stelle ein, und von den beiden andern schien keiner ihr Fortgehen auch nur zu bemerken, wiewohl sie sich ein- oder zweimal umdrehte in der halben Hoffnung, man würde sie zurückrufen. Das letzte, was sie von ihnen sah, war, wie sie zu zweit versuchten, die Haselmaus in die Teekanne zu stopfen.

»Die sehen mich jedenfalls bestimmt nicht wieder!«, sagte Alice, während sie ihren Weg durch die Bäume suchte. »Bei einem so dummen Fünf-Uhr-Tee bin ich mein Lebtag noch nicht gewesen!«

Wie sie das sagte, bemerkte sie, daß einer der Bäume in ihrer Nähe eine richtige Eingangstür hatte. »Das ist doch seltsam!«, dachte sie. »Aber heute ist ja alles seltsam. Am besten gehe ich gleich hinein.«

Gesagt, getan – und schon stand sie wieder in dem weiten Saal, dicht neben dem kleinen Glastisch. »Diesmal stelle ich mich aber nicht mehr so dumm an«, sagte sie sich und nahm als erstes das goldene Schlüsselchen vom Tisch und schloß damit die Tür auf, die in den Garten hinausführte. Dann knabberte sie ein wenig an dem Pilzstückchen (das sie in ihrer Tasche verwahrt hatte), bis sie nur noch ungefähr eine Spanne groß war; ging dann den niedrigen Gang entlang – und da stand sie auch schon mitten in dem wunderschönen Garten mit seinen bunten Blumenbeeten und kühlplätschernden Springbrunnen.

KATHERINE MANSFIELD

Psychologie

Als sie die Tür öffnete und ihn dort stehen sah, freute sie sich mehr denn je, und auch er schien, als er ihr ins Studio folgte, sehr, sehr glücklich zu sein, dass er gekommen war.

»Nicht an der Arbeit?«

»Nein. Ich wollte gerade Tee machen.«

»Und Sie erwarten niemanden?«

»Nein, keinen Menschen!«

»Das passt gut!«

Er legte Mantel und Hut so behutsam und gemächlich weg, als hätte er reichlich Zeit für alles oder als nähme er für immer Abschied von ihnen, trat dann an den Kamin und streckte den munter flackernden Flammen die Hände entgegen. Nur einen kurzen Augenblick standen sie beide in diesem flackernden Flammenschein. Auf ihren lächelnden Lippen schmeckten sie gewissermaßen noch immer den beglückenden Schock ihrer Begrüßung. Ihr verborgenes Selbst flüsterte: »Weshalb sollten wir sprechen? Ist denn das nicht genug?«

»Mehr als genug. Ich hatte bis zu diesem Augenblick gar nicht begriffen …«

»… wie wohl es tut, bloß so mit dir zusammen zu sein …«

»… wie jetzt.«

»Mehr als genug.«

Doch plötzlich wandte er sich ihr zu und sah sie an, und sie ging schnell weg.

»Zigarette? Ich setze den Kessel auf. Sehnen Sie sich schon nach Tee?«

»Nein. Nicht gerade sehnen!«

»Aber ich!«

»Oh, Sie …« Er knuffte das armenische Kissen zurecht und warf sich auf die Couch. »… Sie sind eine echte kleine Chinesin.«

»Ja, das bin ich«, lachte sie. »Ich lechze nach Tee wie starke Männer nach Wein.«

Sie zündete die Lampe unter dem großen, orangefarbenen Schirm an, zog die Vorhänge zu und schob den Teetisch näher heran.

Im Wasserkessel zwitscherten zwei Vögel; das Feuer flackerte. Er setzte sich hin und umschlang seine Knie. Es war eine bezaubernde Zeremonie, dieses Teetrinken bei ihr: Immer hatte sie köstliche Sachen zu essen – kleine pikante Sandwiches, süße Mandelstäbchen und einen schweren, dunklen Cake, der nach Rum schmeckte … aber es war doch eine Unterbrechung. Er wünschte, dass es vorbei wäre, das Tischchen weggeschoben, ihre beiden Stühle an die Lampe herangerückt, und dann war der Augenblick da, wo er seine Pfeife hervorholte, sie stopfte und – während er noch den Tabak hineindrückte – zu ihr sagte: ›Ich habe nachgedacht über das, was Sie letztes Mal sagten, und mir scheint …‹

Ja, das war es, worauf er wartete – und sie auch! Ja, während sie die Teekanne über der Spiritusflamme wärmte und trocken schwenkte, sah sie die andern beiden: ihn zurückgelehnt, wie er sich's zwischen den Kissen gemütlich machte, und sie wie eine Schnecke im blauen Muschelsessel zusammengerollt. Das Bild war so deutlich und genau, als wäre es auf den blauen Deckel der Teekanne gemalt. Und doch konnte sie nicht schneller machen. Fast hätte sie geschrien: ›Lassen Sie mir etwas Zeit!‹ Sie brauchte Zeit, um ruhig zu werden. Sie brauchte Zeit, um sich von all den vertrauten Dingen zu lösen, mit denen sie so innig zusammenlebte. Denn all die heiteren Dinge um sie her waren ein Teil ihrer selbst, waren ihre Kinder, und sie wussten es und erhoben die lautesten, wildesten Ansprüche. Aber jetzt mussten sie gehen. Sie mussten weggefegt und weggescheucht werden, mussten wie Kinder die dämmerige Treppe hinaufgeschickt und ins Bett gesteckt und ermahnt werden, einzuschlafen, sofort – ohne Murren!

Denn der besondere Reiz ihrer Freundschaft beruhte auf ihrer gegenseitigen rückhaltlosen Hingabe. Wie zwei offene Städte inmitten einer weiten Ebene lag ihr Denken offen vor dem andern hingebreitet. Und es war nicht so, als ritte er in ihre Stadt wie ein Eroberer ein – bis an die Zähne bewaffnet, nichts erblickend als ein fröhliches Seidengeflatter, und auch sie zog nicht in die seine wie eine sanft auf Blütenblättern schreitende Königin ein. Nein, sie waren zwei eifrige, ernste Wanderer, die ganz darin aufgingen, zu verstehen, was es zu sehen gab, und zu entdecken, was verborgen war … um das Beste aus diesem durchaus ungewöhnlichen Glücksfall zu machen, der es ihm ermöglichte, gänzlich wahrhaft zu ihr zu sein, und ihr, gänzlich aufrichtig zu ihm zu sein.

Und das Beste daran war, dass sie beide alt genug waren, um ihr Abenteuer voll und ganz und ohne irgendwelche dumme Gefühlskomplikation zu genießen. Sie sahen es ganz deutlich: Die Leidenschaft hätte alles verdorben. Außerdem war das alles aus und vorbei für sie beide: Er war einunddreißig, sie war dreißig; sie hatten ihre Erlebnisse gehabt, die kostbar und mannigfaltig gewesen waren, doch jetzt war die Zeit für die Ernte gekommen – die Ernte. Würden seine Romane nicht ganz hervorragende Romane werden? Und ihre Theaterstücke: Wer sonst außer ihr besaß ein so hervorragendes Gefühl für die echte englische Komödie? ... Sorgfältig schnitt sie dicke Scheibchen vom Cake ab, und er reichte ihr seinen Teller.

»Beachten Sie bitte, wie gut er ist!«, beschwor sie ihn. »Essen Sie ihn mit allen Sinnen! Verdrehen Sie die Augen, wenn Sie können, und prüfen Sie ihn beim Atemholen. Es ist keine altbackene Semmel aus der Brotlade – es ist die Art Kuchen, die in der Genesis hätte erwähnt werden können ... Und Gott sprach: ›Es werde Cake!‹ Und es ward Cake. Und Gott sah, dass er gut war.«

»Sie brauchen mich nicht zu nötigen«, sagte er. »Bestimmt nicht! Es ist seltsam, aber hier bei Ihnen fällt mir immer auf, was ich esse – und nie anderswo. Vermutlich kommt es daher, weil ich schon lange allein lebe und beim Essen immer lese ... von meiner Gewohnheit, Essen einfach bloß als Nahrung zu betrachten ... als etwas, was zu festgesetzten Zeiten da ist, um verschlungen zu werden ... bis es ... nicht mehr da ist.« Er lachte.

»Das empört Sie, nicht wahr?«

»Abgründig«, sagte sie.

»Aber … sehen Sie …« Er schob seine Tasse weg und begann sehr schnell zu sprechen: »Ich habe einfach kein konkretes Leben. Von den meisten Dingen – Bäumen und so weiter – weiß ich nicht einmal die Namen, und nie merke ich, wie Orte oder Möbel oder Leute aussehen. Ein Zimmer ist für mich genau wie ein andres – ein Ort, wo man sitzen und lesen oder plaudern kann –, ausgenommen«, und hier machte er eine Pause und lächelte seltsam naiv und sagte: … »ausgenommen das Studio hier!« Er blickte sich um und sah sie dann an; vor Erstaunen und Vergnügen lachte er. Er war wie ein Mann, der in der Bahn aufwacht und gewahrt, dass er schon das Ende seiner Reise erreicht hat.

»Und noch etwas Seltsames: Wenn ich die Augen schließe, kann ich dieses Zimmer bis in die letzte Einzelheit sehen … jede Einzelheit … Es fällt mir jetzt erst auf – vorher ist es mir nie so klar gewesen. Oft, wenn ich anderswo bin, kehre ich in Gedanken zurück und wandere zwischen Ihren roten Stühlen umher, betrachte die Obstschale auf dem schwarzen Tisch … und betaste ganz leise den wundervollen ›Kopf eines schlafenden Knaben‹.«

»Ich liebe den kleinen Jungen«, murmelte er. Und dann waren beide still. Eine neue Stille senkte sich auf sie. Sie glich keineswegs der zufriedenen Stille, die ihren Begrüßungen folgte, dem ›Also nun sind wir wieder zusammen, und warum sollten wir nicht einfach fortfahren, wo wir letztes Mal aufhörten!‹ Das war eine Stille, die vom Umkreis des warmen, köstlichen Feuers und des Lampenlichts begrenzt blieb. Wie oft hatten sie etwas hineingeschleudert – nur zum Spaß –, um zu sehen, wie sich die Wellchen auf den sanften Ufern verliefen. Doch in diesen unvertrauten Teich fiel jetzt der Kopf des kleinen Jungen, der seinen zeitlosen Schlaf schlief – und die Wellchen flossen weit, weit weg, in grenzenlose Fernen, in tiefe, glitzernde Dunkelheit hinein.

Und dann brachen sie die Stille. Sie sagte: »Ich muss das Feuer schüren«, und er sagte: »Ich versuche ein neues …« Beide waren sie entwischt. Sie schürte das Feuer und stellte das Tischchen zurück, der blaue Sessel wurde herangerollt; sie schmiegte sich hinein, und er lehnte sich in die Kissen zurück. Rasch! Rasch! Sie mussten verhindern, dass es noch einmal so weit kam.

»Ich habe also das Buch gelesen, das Sie letztes Mal hierließen.«

»Oh, und wie denken Sie darüber?«

Sie waren im Gange, und alles war wie immer. Aber war es das wirklich? Waren sie nicht etwas zu rasch, zu prompt mit ihren Antworten, zu eifrig bemüht, auf den andern einzugehen? War es wirklich mehr als nur eine wunderbar gute Nachahmung anderer Begegnungen? Ihm klopfte das Herz, ihr glühten die Wangen, und das Dumme war, dass sie nicht feststellen konnte, wo genau sie waren oder was genau geschah. Sie hatte keine Zeit, zurückzublicken. Und gerade, als sie so weit gekommen war, geschah es noch einmal. Sie stockten, zauderten, wussten nicht weiter und waren still. Wieder waren sie sich des grenzenlosen, fragenden Dunkels bewusst. Wieder waren sie hier: Zwei Jäger, die sich über ihr Feuer beugen, aber plötzlich aus dem Dschungel drüben einen Windstoß und einen lauten, fragenden Schrei hören …

Sie hob den Kopf. »Es regnet«, murmelte sie. Und ihre

Stimme klang wie die seine, als er gesagt hatte: ›Ich liebe den kleinen Jungen.‹ Immerhin! Warum gaben sie nicht einfach nach – ergaben sich und warteten, was dann geschehen würde? Aber nein. Obwohl sie unsicher und verwirrt waren, wussten sie jedenfalls genug, um zu erkennen, dass ihre kostbare Freundschaft in Gefahr war. Die war's, die zerstört würde – und nicht sie beide; daran aber wollten sie nicht schuld sein.

Er stand auf, klopfte seine Pfeife aus, fuhr sich mit der Hand durchs Haar und sagte: »Ich habe in letzter Zeit sehr oft darüber nachgedacht, ob der Roman der Zukunft ein psychologischer Roman sein wird oder nicht. Sind wir so sicher, dass Psychologie in ihrer Eigenschaft als Psychologie überhaupt etwas mit Literatur zu tun hat?«

»Wollen Sie damit sagen, Sie hielten es für möglich, dass die geheimnisvollen, nicht vorhandenen Geschöpfe – die jungen Schriftsteller von heute – einfach versuchten, sich das Schürfrecht der Psychoanalytiker widerrechtlich anzueignen?«

»Ja, allerdings. Und ich glaube, es kommt daher, weil diese Generation gerade klug genug ist, um zu erkennen, dass sie krank ist, und um zu begreifen, dass ihre einzige Aussicht auf Genesung darin besteht, sich mit den Symptomen zu beschäftigen, sie gründlich zu studieren, sie aufzuspüren und zu versuchen, bis an die Wurzel des Übels vorzudringen.«

»O weh!«, jammerte sie. »Was für schrecklich trübe Aussichten!«

»Keineswegs«, sagte er. »Verstehen Sie …« Das Gespräch plätscherte weiter. Und diesmal hatten sie es anscheinend wirklich geschafft. Um ihn anzublicken, während sie redete, drehte sie sich in ihrem Sessel ein wenig um. Ihr Lächeln besagte: ›Wir haben es geschafft!‹ Und er lächelte überzeugt zurück: ›Ganz bestimmt!‹

Doch das Lächeln wurde ihnen zum Verhängnis. Es dauerte zu lange; es wurde zu einem Grinsen. Sie sahen sich als zwei feixende kleine Marionetten, die im Nichts herumzappelten. ›Worüber haben wir nur gesprochen?‹, dachte er. Er fand es so entsetzlich langweilig, dass er beinah stöhnte.

›Wie unmöglich haben wir uns aufgeführt!‹, dachte sie. Und sie sah ihn, wie er mühsam, ach so mühsam, den Garten anlegte, und wie sie hinter ihm herlief und hier einen Baum und dort einen Blütenbusch setzte und eine Hand voll glitzernder Fische in ein Becken tat. Diesmal schwiegen sie aus reinster Verzagtheit.

Die Uhr tat sechs fröhliche kleine Schläge, und das Feuer flackerte nervös. Was für Narren sie waren: schwerfällig, langweilig, ältlich – eindeutige Strohköpfe!

Und jetzt zog die Stille sie in ihren Bann wie feierliche Musik. Es war eine Qual für sie, eine Qual, es zu ertragen; und er würde sterben, sollte die Stille gebrochen werden … und doch sehnte er sich danach, sie zu brechen. Nicht mit einem Gespräch. Und auf keinen Fall mit ihrem üblichen, irritierenden Geschwätz. Für sie gab es noch eine andere Art, miteinander zu sprechen, und auf diese neue Art wollte er flüstern: ›Empfindest du das auch? Verstehst du es überhaupt?‹ Stattdessen hörte er sich zu seinem Entsetzen sagen: »Ich muss gehen! Um sechs Uhr bin ich mit Brand verabredet.«

Welcher Teufel ließ ihn dies sagen und nicht das andre? Sie sprang hoch – sie sprang förmlich aus ihrem Sessel hoch, und er hörte sie rufen: »Dann müssen Sie sich beeilen! Er ist immer so pünktlich. Warum haben Sie es nicht gleich gesagt?« ›Du hast mich verletzt, du hast mich verletzt! Wir haben beide versagt!‹, seufzte ihr verborgenes Selbst, während sie ihm Hut und Stock reichte und heiter lächelte. Sie gönnte ihm keinen Augenblick für ein weiteres Wort, sondern lief über den Flur und öffnete die Haustür.

Konnten sie so auseinandergehen? Wie könnten sie es? Er stand auf der Schwelle und sie noch drin, die Tür offen haltend. Es regnete nicht mehr.

›Du hast mich verletzt, mich verletzt‹, seufzte ihr Herz. ›Warum gehst du nicht? Nein, geh nicht! Bleib! Nein – geh!‹ Und sie blickte in den Abend hinaus.

Sie sah die schön geschwungene Treppe, den von glitzerndem Efeu umsäumten Garten, auf der andern Straßenseite die hohen, kahlen Weiden und darüber den weiten, sternklaren Himmel. Aber von alledem sah er natürlich nichts. Über all das war er erhaben. Er – mit seiner wundervollen ›vergeistigten‹ Vision!

Sie hatte recht. Er sah überhaupt nichts. Was für ein Elend! Es war ihm entgangen. Jetzt war es zu spät, um noch etwas zu tun. War es wirklich zu spät? Ja. Ein kalter, beißender Windstoß fuhr in den Garten. Zum Teufel mit dem Leben! Er hörte sie *»Au revoir!«* rufen, und die Tür fiel ins Schloss.

Sie lief ins Studio zurück und benahm sich ganz wunderlich. Sie lief hin und her, hob die Arme und rief: »Oh, wie blöd! Oh, wie dumm! Oh, wie blöd!« Und dann warf sie sich aufs Sofa und dachte an gar nichts – lag einfach da in stummer Wut. Alles war vorbei. Was war vorbei? Ach, etwas war bestimmt vorbei. Und sie würde ihn nie wiedersehen – nie mehr. Nachdem eine unsagbar lange Zeit (oder waren es zehn Minuten?) in diesem schwarzen Abgrund vergangen war, schrillte ihre Klingel kurz und heftig. Das war er – natürlich! Und ebenso selbstverständlich – hätte sie es überhaupt nicht beachten sollen, sondern es einfach weiterklingeln lassen sollen. Sie stürzte hinaus, ihm zu öffnen.

Auf der Schwelle stand eine alte Jungfer, ein rührendes Geschöpf, das sie schlechthin vergötterte (der Himmel mochte wissen, weshalb). Sie hatte die Gewohnheit, plötzlich aufzutauchen und zu klingeln und dann, wenn ihr aufgemacht wurde, zu sagen: »Meine Liebe, schicken Sie mich gleich wieder weg!« Doch das tat sie nie. Meistens forderte sie sie auf, näher zu treten, und ließ sie alles bewundern, und dann nahm sie den Strauß etwas angekränkelter Blumen betont freundlich in Empfang. Doch heute … »Ach, es tut mir so leid!«, rief sie. »Aber es ist jemand da! Wir arbeiten an einigen Holzschnitten. Ich habe den ganzen Abend entsetzlich zu tun.«

»Das macht doch nichts, mein Liebes, es macht überhaupt nichts!«, sagte die gute Freundin. »Ich kam nur eben vorbei und dachte, ich könnte Ihnen ein paar Veilchen dalassen!« Sie tastete an den Stäben eines großen, alten Regenschirms entlang. »Da unten drin habe ich sie verwahrt. Es ist der beste Platz, um Blumen vor dem Wind zu schützen. Da sind sie!«, sagte sie und schüttelte ein welkes Sträußchen heraus.

Einen kurzen Augenblick nahm sie die Veilchen nicht entgegen. Doch während sie innen im Flur stand und die Tür festhielt, geschah etwas Sonderbares … Wieder sah sie die schön geschwungene Treppe, den von glitzerndem Efeu umsäumten, dunklen Garten, die Weiden, den weiten, hellen Himmel. Wieder spürte sie die Stille wie eine Frage. Aber diesmal zauderte sie nicht. Sie trat vor. Sehr sanft und behutsam, als fürchte sie, in dem grenzenlosen Teich der Stille ein Wellengekräusel zu erregen, legte sie die Arme um die Freundin.

»Aber Liebes«, flüsterte die Glückliche und war überwältigt von so viel Dankbarkeit, »es ist wirklich nichts! Nur das bescheidenste Dreipennysträußchen!«

Doch während sie sprach, wurde sie umarmt, wurde immer zärtlicher, immer liebevoller umarmt, mit so zartem Druck und so lange gehalten, dass dem armen Ding ganz wirblig im Kopf wurde und es gerade noch die Kraft hatte, um hervorzustottern: »Dann bin ich Ihnen also wirklich nicht gar so zuwider?«

»Gute Nacht, mein Liebes«, flüsterte die andre. »Kommen Sie bald wieder!«

»O ja! Sehr gern!«

Diesmal kehrte sie langsam ins Studio zurück, und als sie mit halb geschlossenen Augen mitten im Zimmer stehen blieb, war ihr so leicht, so ausgeruht zumute, als sei sie gerade aus einem Kinderschlaf erwacht. Sogar das Atmen war eine Freude …

Das Sofa sah sehr unordentlich aus. Alle Kissen wie ›wild gewordene Berge‹, fand sie. Sie schaffte Ordnung, ehe sie zum Schreibtisch hinüberging.

›Unser Gespräch über den psychologischen Roman hat mich weiter beschäftigt‹, schrieb sie hastig hin, ›es ist wirklich hochinteressant …‹ Und so weiter und so weiter.

Zu guter Letzt schrieb sie: ›Gute Nacht, lieber Freund! Kommen Sie bald wieder!‹

DOROTHY PARKER

Der letzte Tee

Der junge Mann in dem schokoladenbraunen Anzug setzte sich an den Tisch, an dem das Mädchen mit der künstlichen Kamelie schon seit vierzig Minuten saß.

»Ich bin wohl spät dran«, sagte er. »Tut mir leid, dass du warten musstest.«

»Ach du lieber Himmel«, sagte sie. »Ich bin ja selbst gerade erst gekommen, gerade vor einer Sekunde. Ich habe nur einfach schon mal bestellt, weil ich unbedingt eine Tasse Tee haben musste. Ich war selbst spät dran. Ich bin nicht länger als eine Minute hier.«

»Das ist gut«, sagte er. »He, he, immer langsam mit dem Zucker – ein Würfel genügt völlig. Und nimm das Gebäck da weg. Schauderhaft! Mir gehts vielleicht schauderhaft!«

»Ach«, sagte sie, »tatsächlich? Ach. Was ist denn los?«

»Oh, ich bin fix und fertig«, sagte er. »Ich bin in schauderhafter Verfassung.«

»Ach, das arme Bübchen«, sagte sie. »Fühlt es sich elend? Ach, und da hat es den weiten Weg gemacht, nur um mich hier zu treffen! Das hättest du nicht tun sollen – ich hätte dafür Verständnis gehabt. Ach, man muss sich mal vorstellen, dass es den ganzen weiten Weg gemacht hat, wo ihm doch so schlecht ist!«

»Oh, das ist schon in Ordnung«, sagte er. »Ich kann

ebenso gut hier wie woanders sein. Ein Ort ist so gut wie jeder andere, so wie ich mich heut fühle. Oh, ich bin völlig erschossen.«

»Aber das ist ja furchtbar«, sagte sie. »Ja, du armer kranker Kerl. Himmel, es wird doch nicht die Grippe sein. Es heißt, dass sie ziemlich umgeht.«

»Grippe!«, sagte er. »Ich wollte, das wäre alles, was mir fehlt. Oh, ich bin vergiftet. Ich bin erledigt. Ich rühre das Zeug meiner Lebtag nicht mehr an. Weißt du, wann ich ins Bett gekommen bin? Zwanzig Minuten nach fünf heut früh. Was das für eine Nacht war! Was das für ein Abend war!«

»Ich dachte«, sagte sie, »dass du im Büro bleiben und länger arbeiten wolltest. Du hast gesagt, du würdest diese Woche jeden Abend arbeiten.«

»Tja, ich weiß«, sagte er. »Aber es machte mich ganz kribbelig, wenn ich daran dachte, dort hinzugehen und am Schreibtisch zu sitzen. Ich bin zu May gegangen – sie hat eine Party gegeben. Apropos, da war jemand da, der gesagt hat, dass er dich kennt.«

»Ehrlich?«, sagte sie. »Mann oder Frau?«

»Biene«, sagte er. »Namens Carol McCall. Apropos, wieso habe ich eigentlich nicht schon früher von ihr erfahren? So ein tolles Mädchen. Das ist vielleicht ein Klasseweib!«

»Ach, wirklich?«, sagte sie. »Das ist komisch – ich habe noch nie von jemandem gehört, der das findet. Ich habe Leute sagen hören, dass sie eigentlich ganz nett aussähe, wenn sie sich nicht so aufdonnern würde. Aber ich habe noch nie von jemandem gehört, der sie reizend findet.«

»Reizend ist das richtige Wort«, sagte er. »Die hat da vielleicht ein Paar Augen im Kopf!«

»Wirklich?«, sagte sie. »Sie sind mir nie besonders aufgefallen. Aber ich habe sie ja auch lange nicht gesehen – manchmal verändern sich die Menschen irgendwie.«

»Sie sagt, sie sei früher mit dir zur Schule gegangen«, sagte er.

»Na ja, wir gingen in die gleiche Schule«, sagte sie. »Ich ging rein zufällig in eine öffentliche Schule, weil sie zufällig ganz in der Nähe von uns lag und meine Mutter es hasste, wenn ich Straßen überqueren musste. Aber sie war drei oder vier Klassen über mir. Sie ist viel älter als ich.«

»Die ist drei oder vier Klassen über allen«, sagte er. »Tanzen! Und ob die schwofen kann! ›Leg noch 'nen Zahn drauf, Schätzchen‹, hab ich dauernd zu ihr gesagt. Ich muss ganz schön angesäuselt gewesen sein.«

»Ich war auch tanzen gestern Abend«, sagte sie. »Mit Wally Dillon. Er liegt mir ja ständig in den Ohren, mit ihm auszugehen. Er ist ein fantastischer Tänzer. Himmel! Ich weiß überhaupt nicht, wann ich eigentlich nach Hause gekommen bin. Ich muss ja grässlich aussehen. Stimmts?«

»Du siehst schon ganz in Ordnung aus«, sagte er.

»Wally ist verrückt«, sagte sie. »Was der so alles sagt! Aus irgendeinem verrückten Grund hat er es sich in den Kopf gesetzt, dass ich wunderschöne Augen habe, und, na ja, da hat er eben davon geredet, bis ich nicht mehr wusste, wo ich hinschauen soll, so verlegen war ich. Ich wurde so rot, dass ich dachte, jeder im Lokal würde zu mir herschauen. Ich wurde so rot wie eine Tomate. Wunderschöne Augen! Ist der nicht verrückt?«

»Der ist schon in Ordnung«, sagte er. »Apropos, die kleine McCall, die hat alle möglichen Angebote, zum Film zu gehen. ›Nun geh schon zu und geh hin‹, hab ich ihr gesagt. Aber sie sagt, sie hätte keine Lust dazu.«

»Da war ein Mann droben am See im vorletzten Sommer«, sagte sie. »Er war Regisseur oder so etwas bei einem der großen Filmbosse – oh, er hatte jede Menge Einfluss! Und er bestand dauernd darauf, dass ich in Filmen auftreten müsse. Sagte, ich müsse solche Rollen wie die Garbo spielen. Ich habe ihn nur ausgelacht. Stell dir das mal vor!«

»Sie hat Tausende von Angeboten bekommen«, sagte er. »Ich habe ihr gesagt, sie soll hingehen und zum Film gehen. Sie bekommt immer laufend solche Angebote.«

»Ach, wirklich?«, sagte sie. »Ach, übrigens, ich wusste, dass ich dich noch etwas fragen wollte. Hast du mich gestern Abend zufällig angerufen?«

»Ich?«, sagte er. »Nein, ich hab dich nicht angerufen.«

»Während ich aus war, sagte Mutter, war dauernd diese Männerstimme dran«, sagte sie. »Ich dachte, vielleicht warst das zufällig du. Ich überlege mir, wer das gewesen sein könnte. Oh – ich glaube, ich weiß, wer das war. Ja, der war es!«

»Nein, ich habe dich nicht angerufen«, sagte er. »Ich hätte das Telefon gestern Abend gar nicht sehen können. Was ich heute Morgen für einen Kopf aufhatte! Ich hab Carol angerufen, so gegen zehn, und die sagte, sie fühle sich großartig. Das Mädchen ist vielleicht trinkfest!«

»Ich bin da komisch«, sagte sie. »Mir wird einfach irgendwie schlecht, wenn ich eine Frau trinken sehe. Das ist nun mal so meine Art, nehme ich an. Bei einem Mann macht es mir nicht so viel aus, aber mir wird absolut übel, wenn ich sehe, wie sich eine Frau betrinkt. So bin ich halt nun einmal.«

»Und wie die den Alkohol verträgt!«, sagte er. »Und fühlt sich dann am nächsten Tag großartig. Was für eine Frau! He, was machst du denn da? Ich will keinen Tee mehr, danke. Ich bin doch keiner von diesen Teeknaben. Und diese Teestuben machen mich ganz kribbelig. Schau dir bloß mal all die alten Tanten an. Da muss einem ja ganz kribbelig werden.«

»Ja, wenn du lieber woanders wärst, um zu trinken, mit ich weiß nicht was für Leuten«, sagte sie, »dann kann ich mir beim besten Willen nicht vorstellen, wie ich das verhindern soll. Himmel, es gibt genug Leute, die froh genug sind, mich zum Tee auszuführen. Ich weiß nicht, wie viele Leute mich dauernd anrufen und mir in den Ohren liegen, weil sie mich zum Tee ausführen wollen. Sehr viele Leute!«

»Schon gut, schon gut, ich bin ja da oder etwa nicht?«, sagte er. »Reg dich schon ab.«

»Ich könnte sie den ganzen Tag lang aufzählen«, sagte sie.

»Schon gut«, sagte er. »Weshalb bist du denn sauer?«

»Himmel, es geht mich ja nichts an, was du tust«, sagte sie. »Aber ich hasse es, mit anzusehen, wie du deine Zeit mit Leuten verschwendest, die auch nicht annähernd gut genug für dich sind. Das ist alles.«

»Kein Grund, dir meinetwegen Sorgen zu machen«, sagte er. »Ich bin schon in Ordnung. Bestimmt. Du musst dir keine Sorgen machen.«

»Es ist nur, dass ich es nicht gern sehe, wie du deine Zeit

verschwendest«, sagte sie, »indem du die ganze Nacht aufbleibst und dich am nächsten Tag dann schauderhaft fühlst. Ach, ich habe ja ganz vergessen, dass ihm so schlecht ist. Ach, es war gemein von mir, ihn auszuschimpfen, wo ihm doch so elend ist. Armes Bübchen. Wie fühlt es sich denn jetzt?«

»Oh, ich bin ganz in Ordnung«, sagte er. »Mir gehts prima. Möchtest du noch etwas? Wie wärs dann mit der Rechnung? Ich muss noch vor sechs telefonieren.«

»Ach, wirklich?«, sagte sie. »Carol anrufen?«

»Sie hat gesagt, um diese Zeit wäre sie vermutlich zu Hause«, sagte er.

»Siehst du sie heute Abend?«, sagte sie.

»Sie gibt mir Bescheid, wenn ich anrufe«, sagte er. »Sie hat vermutlich rund eine Million Verabredungen. Warum?«

»Ich hab nur so gedacht«, sagte sie. »Himmel, ich muss mich sputen! Ich esse mit Wally zu Abend, und er ist so verrückt, dass er vermutlich schon da ist. Er hat mich heute rund hundertmal angerufen.«

»Warte, bis ich bezahlt habe«, sagte er, »dann bring ich dich zum Bus.«

»Ach, mach dir keine Umstände«, sagte sie. »Es ist ja gleich an der Ecke. Ich muss mich sputen. Ich nehme an, du willst hierbleiben und deine Freundin von hier aus anrufen?«

»Das ist eine Idee«, sagte er. »Bist du auch bestimmt in Ordnung?«

»Ganz bestimmt«, sagte sie. Eilig sammelte sie ihre Handschuhe und ihre Tasche ein und verließ ihren Stuhl. Er erhob sich, allerdings nicht ganz, als sie neben ihm stehen blieb.

»Wann seh ich dich wieder?«, sagte sie.

»Ich ruf dich an«, sagte er. »Ich bin unheimlich beschäftigt, im Büro und so. Hör zu, ich mache Folgendes. Ich ruf dich mal an.«

»Ehrlich, ich habe ja so viele Verabredungen!«, sagte sie. »Es ist schrecklich. Ich weiß nicht, wann ich eine freie Minute habe. Aber du rufst an, ja?«

»Mach ich«, sagte er. »Pass auf dich auf.«

»Und pass du auf dich auf«, sagte sie. »Hoffentlich bist du bald wieder in Ordnung.«

»Oh, mir gehts prima«, sagte er. »Meine Lebensgeister fangen gerade an zurückzukehren.«

»Lass mich auf jeden Fall wissen, wie es dir geht«, sagte sie. »Ja? Ganz bestimmt? Also dann, auf Wiedersehen. Oh, und amüsier dich gut heute Abend.«

»Danke«, sagte er. »Hoffentlich amüsierst du dich auch.«

»Oh, das werde ich bestimmt«, sagte sie. »Ich nehme es jedenfalls an. Ich muss mich tummeln! Oh, das hätte ich ja fast vergessen! Vielen Dank für den Tee. Es war sehr nett.«

»Red keinen Unsinn«, sagte er.

»Aber es war wirklich nett«, sagte sie. »Na denn. Also vergiss nicht, mich anzurufen, hörst du? Bestimmt nicht? Na denn, auf Wiedersehen.«

»Bis dann«, sagte er.

Sie ging durch die schmale Gasse zwischen den blau gestrichenen Tischen weiter.

ROOT LEEB

Der Brief

Ein Brief lag auf dem Tisch und wartete darauf, dass er geöffnet würde.

Die Frau hatte schon sehr lange, mit Hoffen und mit Bangen, auf diesen Brief gewartet. Zuerst öffnete sie ihn nicht, weil sie die Vorfreude auf die ersehnte gute Nachricht möglichst lange auskosten wollte.

Dann öffnete sie ihn nicht, weil sie nervös war, so nervös, dass sie annahm, das würde Auswirkungen haben, würde den Inhalt des Briefes negativ beeinflussen.

Dann öffnete sie ihn nicht aus Angst, dass sie enttäuscht werden könnte.

Später wurde ein Streit im Haus laut ausgetragen, und die Frau hatte Bedenken, dass sich der Brief in einer derart ungünstigen Stimmung nachteilig verändern könnte.

So blieb der Brief mehrere Tage ungeöffnet.

Niemand wusste, dass das gut so war. Denn der Herzschlag beim Öffnen des Briefes entschied tatsächlich über seinen Inhalt, über Glück oder Unglück.

Hätte die Frau den Brief in einer dieser ungünstigen Situationen geöffnet, hätte sie gelesen, dass ihr Mann auf seiner Geschäftsreise beschlossen habe, sie und die Kinder zu verlassen und mit seiner Sekretärin ein neues Leben zu beginnen.

Die Frau hätte sich das Leben genommen, die Kinder wären in ein Heim gekommen. Der Mann wäre, von Schuldgefühlen überwältigt, in eine lebenslange tiefe Depression gefallen.

Stattdessen las sie nun, nach einer Wartezeit von fast einer Woche, in gelassener Stimmung bei einer Tasse Tee sitzend, dass ihr Mann eine Beichte ablegen und sie um Verzeihung bitten wolle, denn es habe eine Affäre mit seiner Sekretärin gegeben, die aber ein für alle Mal beendet sei. Er freue sich, nach Hause zu kommen und sie, seine Frau, in die Arme zu schließen und ihr alles von Angesicht zu Angesicht zu erzählen.

So blieb die Frau am Leben, konnte alles mit ihrem Mann besprechen und hatte noch viele glückliche Jahre vor sich.

HEINRICH BÖLL

Ankunft I

Als ich an Bord des Dampfers ging, sah ich, hörte und roch ich, dass ich eine Grenze überschritten hatte; eine von Englands lieblichen Seiten hatte ich gesehen: Kent, fast bukolisch – das topographische Wunder London nur gestreift – dann eine von Englands düsteren Seiten gesehen: Liverpool – aber hier auf dem Dampfer war England zu Ende: Hier roch es schon nach Torf, klang kehliges Keltisch aus Zwischendeck und Bar, hier schon nahm Europas soziale Ordnung andere Formen an: Armut war nicht nur »keine Schande« mehr, sondern weder Ehre noch Schande: Sie war – als Moment gesellschaftlichen Selbstbewusstseins – so belanglos wie Reichtum; die Bügelfalten hatten ihre schneidende Schärfe verloren, und die Sicherheitsnadel, die alte keltisch-germanische Fibel, trat wieder in ihr Recht; wo der Knopf wie ein Punkt gewirkt hatte, den der Schneider gesetzt hatte, war sie wie ein Komma eingehängt worden; als Zeichen der Improvisation förderte sie den Faltenwurf, wo der Knopf diesen verhindert hatte. Auch als Aufhänger für Preisschildchen, als Hosenträgerverlängerung, als Manschettenknopf-Ersatz sah ich sie, schließlich als Waffe, mit der ein kleiner Junge durch den Hosenboden eines Mannes stach: Erstaunt war der Junge, erschrocken dann, weil der Mann keinerlei Reaktion zeigte;

dann klopfte der Junge vorsichtig mit dem Zeigefinger den Mann ab, um festzustellen, ob er noch lebte: Er lebte noch, schlug dem Jungen lachend auf die Schulter.

Immer länger wurde die Schlange vor dem Schalter, wo es den Nektar Westeuropas in großzügigen Portionen um billiges Geld gab: Tee; als wären die Iren bemüht, unbedingt auch diesen Weltrekord, den sie knapp vor England halten, nicht preiszugeben: Fast zehn Pfund Tee werden jährlich pro Kopf in Irland verbraucht: Ein kleines Schwimmbassin voll Tee also muss in jedem Jahr durch jede irische Kehle laufen.

Während ich langsam in der Schlange vorrückte, blieb Zeit genug, mir die anderen irischen Weltrekorde ins Gedächtnis zu rufen: Nicht nur den im Teetrinken hält dieses kleine Land: Als zweiten den im Priesternachwuchs (die Erzdiözese Köln etwa müsste fast tausend Neupriester jährlich weihen, um mit einer kleinen Erzdiözese in Irland konkurrieren zu können); als dritten Weltrekord hält Irland den im Kinobesuch (wiederum – wie viel Gemeinsamkeit bei allen Gegensätzen! – knapp vor England), als vierten schließlich einen bedeutsamen, von dem ich nicht zu sagen wage, dass er mit den ersten dreien in ursächlichem Zusammenhang stehe: In Irland gibt es die wenigsten Selbstmörder auf dieser Erde. Noch sind die Rekorde im Whiskeytrinken und im Zigarettenrauchen nicht ermittelt, doch auch in diesen Disziplinen liegt Irland weit vorne, dieses kleine Land, das so viel Bodenfläche wie Bayern, aber weniger Einwohner hat, als zwischen Essen und Dortmund wohnen.

Eine Tasse Tee so um Mitternacht, wenn man fröstelnd

im Westwind steht, während der Dampfer sich langsam in die offene See schiebt – dann einen Whiskey oben in der Bar, wo das kehlige Keltisch immer noch, aber nur aus einer einzigen irischen Kehle klang; Nonnen duckten sich im Vorraum der Bar wie großes Geflügel für die Nacht zurecht, warm unter ihren Hauben, ihren langen Habits, zogen ihre langen Rosenkränze ein, wie Taue eingezogen werden, wenn ein Boot abfährt; einem jungen Mann, der mit einem Säugling auf dem Arm an der Bartheke stand, wurde eben das fünfte Glas Bier verweigert, auch seiner Frau, die mit einem zweijährigen Mädchen neben ihm stand, nahm der Kellner das Glas ab, ohne es neu zu füllen, langsam leerte sich die Bar, schon war das kehlige Keltisch verstummt, die Köpfe der Nonnen nickten leise im Schlaf; eine hatte vergessen, ihren Rosenkranz einzuziehen, die dicken Perlen rollten mit der Bewegung des Schiffes hin und her; die beiden mit ihren Kindern auf dem Arm, denen der Trunk verweigert worden war, wankten vor mir, steuerten auf eine Ecke zu, wo sie aus Koffern und Kartons sich eine kleine Burg erbaut hatten: Dort schliefen zwei weitere Kinder, zu beiden Seiten an die Großmutter gelehnt, deren schwarzes Umhängetuch Wärme für drei zu bieten schien; der Säugling und das zweijährige Schwesterchen wurden in einen Waschkorb verstaut, zugedeckt, die Eltern verkrochen sich stumm zwischen zwei Koffern, eng aneinandergeschmiegt, und die weiße schmale Hand des Mannes zog einen Regenmantel wie ein Zeltdach über dem Paar zurecht. Stille, nur die Kofferschlösser klirrten leise im Rhythmus des fahrenden Schiffes.

Ich hatte vergessen, mir einen Platz für die Nacht zu sichern, stieg über Beine, Kisten, Koffer; Zigaretten glühten im Dunkeln, ich schnappte aus geflüsterten Gesprächen Brocken auf: »Connemara ... keine Chance ... Kellnerin in London.« Ich duckte mich zwischen Rettungsboote und Schwimmgürtel, aber der Westwind war scharf und feucht, ich stand auf, wanderte über das Schiff, das mehr einem Auswandererschiff als einem Heimkehrerschiff glich; Beine, glühende Zigaretten, Brocken aus geflüsterten Gesprächen – bis ein Priester mich am Mantelsaum festhielt und lächelnd einlud, mich neben ihn zu setzen; ich lehnte mich zurück, um zu schlafen, aber rechts von dem Priester, unter einer grün-grau gestreiften Reisedecke hervor, sprach eine zarte klare Stimme: »Nein, Father, nein, nein ... es ist zu bitter, an Irland zu denken. Einmal im Jahr muss ich ja hinfahren, um meine Eltern zu besuchen, und meine Großmutter lebt auch noch. Kennen Sie die Grafschaft Galway?«

»Nein«, sagte der Priester leise.

»Connemara?«

»Nein.«

»Sie sollten es sich ansehen, und vergessen Sie nicht, auf der Rückfahrt im Hafen von Dublin achtzugeben, was aus Irland exportiert wird: Kinder und Priester, Nonnen und Biskuits, Whiskey und Pferde, Bier und Hunde ...«

»Mein Kind«, sagte der Priester leise, »Sie sollten diese Dinge nicht in einem Atem nennen.«

Ein Streichholz flammte unter der grün-grauen Reisedecke auf, ein scharfes Profil wurde für wenige Sekunden sichtbar.

»Ich glaube nicht an Gott«, sagte die zarte klare Stimme,

»nein, ich glaube nicht an Gott – warum sollte ich da nicht Priester und Whiskey, Nonnen und Biskuits in einem Atem nennen; ich glaube auch nicht an *Kathleen ni Houlihan,* an dieses Märchenirland ... Ich war Kellnerin in London, zwei Jahre lang: Ich hab' gesehen, wie viel leichte Mädchen ...«

»Mein Kind«, sagte der Priester leise.

»... wie viel leichte Mädchen *Kathleen ni Houlihan* nach London geliefert hat; die Insel der Heiligen.«

»Mein Kind!«

»So nannte mich auch der Pfarrer zu Hause: mein Kind ... Er kam mit dem Fahrrad, einen weiten Weg, um uns sonntags die Messe zu lesen, aber auch er konnte nichts dagegen tun, dass *Kathleen ni Houlihan* ihr Kostbarstes exportierte: ihre Kinder. Gehen Sie nach Connemara, Father – so viel schöne Landschaft auf einmal, mit so wenig Menschen drin, haben Sie sicher noch nie gesehen; vielleicht lesen Sie einmal eine Messe bei uns, dann sehen Sie mich sonntags fromm in der Kirche knien.«

»Aber Sie glauben doch nicht an Gott.«

»Aber denken Sie, ich könnte es mir leisten – und ich würde es meinen Eltern antun –, nicht in die Kirche zu gehen? ›Fromm ist unser gutes Mädchen geblieben – fromm; ein gutes Kind.‹ Und meine Großmutter küsst mich, wenn ich wieder zurückfahre, segnet mich und sagt: ›Bleibe so fromm, wie du bist, mein gutes Kind!‹ ... Wissen Sie, wie viel Enkel meine Großmutter hat?«

»Mein Kind, mein Kind«, sagte der Priester leise.

Scharf glühte die Zigarette auf, ließ wieder für eine Sekunde das strenge Profil sehen.

»Sechsunddreißig Enkel hat meine Großmutter: sechsunddreißig; achtunddreißig hatte sie: Einer ist abgeschossen worden in der Schlacht um England, ein Zweiter mit einem englischen U-Boot versenkt worden – sechsunddreißig leben noch: zwanzig in Irland, die anderen …«

»Es gibt Länder«, sagte der Priester leise, »die Hygiene und Selbstmordgedanken exportieren, Atomkanonen, Maschinengewehre, Autos …«

»Oh, ich weiß«, sagte die zarte klare Mädchenstimme, »ich weiß das alles: Ich habe selbst einen Bruder, der Priester ist, und zwei Vettern: Sie sind die Einzigen in der ganzen Verwandtschaft, die ein Auto haben.«

»Mein Kind …«

»Ich versuch' jetzt, ein wenig zu schlafen – gute Nacht, Father, gute Nacht.«

Die glühende Zigarette flog über die Reling, die grüngraue Decke wurde fest um die schmalen Schultern gezogen, der Kopf des Priesters bewegte sich wie im ständigen Kopfschütteln hin und her; vielleicht war es auch nur der Rhythmus des fahrenden Schiffs, der den Kopf bewegte.

»Mein Kind«, sagte er leise noch einmal, aber er bekam keine Antwort mehr.

Er lehnte sich seufzend zurück, klappte den Mantelkragen hoch; vier Sicherheitsnadeln hatte er als Reserve innen auf dem Revers stecken: Vier, die an einer fünften, quergesteckten, hin und her schaukelten unter den leisen Stößen des Dampfers, der in die graue Dunkelheit hinein auf die Insel der Heiligen zufuhr.

ADRIAN MCKINTY

Duffys letzter Fall

Wir flogen um acht Uhr von Ben Gurion ab. Alle kamen pünktlich zum Flieger. Mürrische presbyterianische Farmer aus dem Hügelland von County Antrim konnte man so einiges schimpfen, aber ›unpünktlich‹ gehörte nicht dazu.

Allerdings musste man sich fragen, warum sie sich überhaupt die Mühe gemacht hatten, Rückflüge zu buchen, wenn sie doch so zuversichtlich gewesen waren, dass das Ende der Welt bevorstand … Ich behielt diesen Gedanken allerdings für mich und schaffte es, auf dem Flug nach Ulster, Gottes anderes Gelobtes Land, ein wenig zu schlafen.

Der Flug nach Belfast dauerte fünf Stunden, da aber Großbritannien drei Stunden hinter Israel war, landete der Direktflug tatsächlich um zehn Uhr. Ich holte den BMW vom Langzeitparkplatz. Es handelte sich um einen funkelnagelneuen 525i sport. Es war der erste Allrad, den ich in der 5er-Reihe gekauft hatte. Er wurde von einem M50-Motor angetrieben und das Mittendifferential verteilte normalerweise die Kraft auf Frontachse und Hinterachse im Verhältnis 36/64, doch konnte die Steuerelektronik das Verhältnis je nach Fahrbedingungen anpassen. Ideal für Irlands Viehpfade, einspurige Landstraßen und Fernstraßen, und ideal für all die irischen Tage, an denen es am Morgen schneite, am Nachmittag graupelte, am Abend sonnig war und nachts in Strömen goss.

Die Höchstgeschwindigkeit lag bei 230 km/h, doch der Wagen war für Großbritannien und Irland auf 180 km/h gedrosselt worden. Als Polizist war es mir möglich, die elektronische Drosselung aufheben zu lassen, und wenn ich um ein Uhr nachts auf dem Motorway fuhr, kam ich leicht auf 200 km/h.

Mit Beth an Bord allerdings hielt ich auf der Rückfahrt nach Carrickfergus eine besonnenere Geschwindigkeit ein. Ich machte das Radio an und nach ein paar Sekunden wieder aus. Auf Radio 1 lief immer noch diese dystopische Musik der Achtziger, die die oberen Ränge der Hitlisten anführte: Phil Collins, Cher, Kylie Minogue; auf anderen Sendern allerdings tauchten ab und an erste Anzeichen einer musikalischen Revolution aus Manchester und Seattle auf. Man wollte ja nichts beschreien, aber es schien doch durchaus im Bereich des Möglichen, dass die Neunziger sich zumindest musikalisch zum Besseren wenden würden.

Wir nahmen die nördliche Route nach Carrickfergus, fuhren die North Road entlang zu der Straße, die früher mal Kennedy Drive geheißen hatte, kamen am Freizeitheim vorbei und landeten daheim in der Coronation Road.

Nostalgie überkam mich, während ich vorsichtig um die Kinder rollte, die Kerby und Fußball und Fangen spielten. Es war unser letzter ganzer Tag in dieser Straße. Heute Nachmittag wollten wir zu Ende packen und morgen umziehen. Natürlich würde ich weiter hier wohnen, wenn ich meine sieben Tage im Monat arbeitete, aber irgendwann wollten wir das Haus verkaufen, und ich würde mir eine für meine Bedürfnisse passendere Ein-Zimmer-Wohnung unten beim Jachthafen kaufen.

Ich hielt auf meinem Parkplatz vor dem Haus Nr. 113.

Dad und Ma standen draußen und warteten auf uns. Ma hielt Emma liebevoll im Arm, Dad weniger liebevoll Kater Jet.

Der Wagen hielt an, Beth sprang aus dem Auto und drückte Emma an sich.

»Nie wieder. Ich lass dich nie wieder allein. Zehn Tage waren zu lang. Nie wieder. Das nächste Mal kommst du mit uns!«, jammerte sie und fing an zu weinen. Ich hatte Emma ebenfalls vermisst, aber dieser Ausbruch überraschte mich doch ein wenig. Beth war normalerweise sehr zurückhaltend. Diese Protestanten steckten doch voller Überraschungen. Ich drückte Emma an mich, umarmte meine Ma, klopfte meinem Dad auf den Rücken und tätschelte den Kopf des Katers. Wir gaben Emma ihre Geschenke: Pralinen und ein Stoffkamel.

»Daddy!«, rief sie. »Du bist ganz rot!«

»Du hast ein wenig Sonne abgekriegt«, schimpfte meine Mutter. »Du weißt doch, dass du die Sonne nicht gut verträgst, Sean. Wie die Bromelien.«

»Ist nur die Wintersonne gewesen, alles in Ordnung«, wiegelte ich ab.

Wir gingen ins Haus, es roch nach dem kraftvollen selbstgemachten Spülmittel meiner Ma. Alle Oberflächen waren geschrubbt, alle Bilder abgestaubt worden. Ich betete zu Gott, dass sie nicht auch noch meine Schallplatten geschrubbt oder abgestaubt hatte. Ich schaute schnell bei ein paar zufällig ausgewählten LPs nach, aber sie waren ohne Kratzer.

»Ich hab sie nicht drangelassen«, flüsterte mein Vater.

»Emma geht's gut, der Katze geht's gut, meinen Platten geht's gut«, sagte ich zu Dad, »ziemlich erfolgreiches Babysitten – muss ich schon sagen.«

»Was hast du denn gedacht? Dass das Haus abgebrannt ist, die Katze ausgebüxt und das Kind im Krankenhaus?«, erwiderte Dad leicht beleidigt.

Tatsächlich hatte ich all das befürchtet. »Nein, ich wusste, dass ihr das schafft«, sagte ich.

»Dein Vater hat versucht, dem Kater eine Leine anzulegen, damit er nicht andauernd hinter den Staren herjagt, aber Jet wollte nichts davon wissen«, fügte Ma noch hinzu.

»Sean, den Witz hab ich dir aufgehoben: Einst lebte ein Mann in der Türkei / dessen Limericks gingen nur bis Zeile zwei«, sagte Dad.

»Sehr gut. Hört mal, Leute, ich kann nur fünf Minuten bleiben, die Arbeit ruft«, erklärte ich.

Wir gingen ins Wohnzimmer. Überall standen Kisten herum, und wir hatten immer noch einiges einzupacken. Die Umzugsleute würden am nächsten Tag in aller Frühe kommen. Wir hatten das Haus jenseits des Wassers schon eingerichtet, aber wir mussten Besteck, Bücher, Bettzeug und den Großteil meiner Schallplatten mitnehmen.

»Wo seid ihr denn überall gewesen?«, fragte Ma.

»Jerusalem, Tel Aviv, Totes Meer, Eilat, dann sind wir in den Norden gefahren«, antwortete ich, während Beth mit Emma herumgurrte und Emma mit dem Kamel spielte.

»Wart ihr auch am See Genezareth?«, fragte Dad.

»Wir waren da, sind drin geschwommen, haben dort in der Sonne gelegen. Wir haben dir auch etwas heiliges Wasser aus Beth Yerah mitgebracht, wo der Jordan den See verlässt.«

»Ach ja!«, sagte Beth und wühlte in den Koffern nach den Flaschen mit dem heiligen Wasser.

Mein Vater besah sich skeptisch die Flasche. »Das ist doch nicht einfach Wasser aus dem Badezimmer im Hotel, oder? Ich kenne dich nur zu gut.«

»Das würde ich niemals zulassen, Mr Duffy!«, sagte Beth. »Wir haben sie persönlich am Fluss abgefüllt.«

»Hast du irgendwelche Vögel gesehen?«, fragte er.

»Millionen.«

»Und?«

»Ich hab mich doch nicht hingesetzt und für dich die Vogelnamen in ein großes Vogelbuch geschrieben, Dad. Ich war im Urlaub. Mein erster Urlaub in fünf Jahren, um genau zu sein.«

»Jetzt quäl ihn doch nicht so, Sean«, sagte Beth und wühlte wieder in den Koffern herum. Sie gab ihm das Notizbuch, das ich mit Beobachtungen von Mönchsgeiern, Lappentauchern, Zwergscharben, Rallenreihern und einem Mauerläufer gefüllt hatte. Beth hatte sogar ein paar Zeichnungen angefertigt, die so natürlich wirkten, dass der alte Herr ganz aus dem Häuschen war.

»Hast du wirklich einen Mauerläufer gesehen?«

»Ja, Dad.«

»Oh! Was für ein Fund! Das einzige Mitglied der Gattung Tichodromus, Emma.«

Emma nickte ernst, dann fiel ihr noch etwas ein. »Willst

du Daddy und Mummy von Mary Poppins erzählen, Grandpa?«

Meine Ma schüttelte den Kopf. »Nein, wir wollen doch nicht, dass dein Großvater sich wieder so aufregt.«

»Grandpa hat sich über das Rotkehlchen aufgeregt«, erklärte Emma.

»Das Rotkehlchen?«, fragte Beth und übersah meine abwiegelnde Geste. Worum auch immer es sich handelte, Vögel gehörten zu Dads Steckenpferden, und das Klügste war, ihn nicht noch zu ermutigen.

»Ja, das Rotkehlchen«, sagte Emma mit sarkastischem Unterton, den ich bei einer Dreijährigen eigentlich nicht mochte. »Es landet auf Marys Finger.«

»Ach das? Das war offensichtlich ein schlechter Filmtrick, Dad, du darfst nicht vergessen, das war 1964 oder so ...«

»Es geht nicht um den Filmtrick. Die mechanische Bewegung des Rotkehlchens oder die Stop-Motion-Aufnahme ist völlig nebensächlich. Die hätten nie ein echtes Rotkehlchen dazu gebracht, sich auf Marys Finger zu setzen, das bereitet mir keine Probleme«, sagte Dad.

»Sondern was?«, fragte Beth.

»Das Problem ist, dass das Rotkehlchen auf Marys Finger ein Amerikanisches Rotkehlchen war. Ein Singvogel aus der Familie der Drosseln. Wegen der orangeroten Brust ist er nach dem europäischen Rotkehlchen benannt, obwohl die beiden Arten nicht mal entfernt miteinander verwandt sind, wie jeder weiß! Das Rotkehlchen gehört zur Familie der Fliegenschnäpper, und genau dieser Vogel hätte auf Marys Finger landen sollen, da sie ja in London ist.«

»Dein Vater hat sich fürchterlich aufgeregt«, flüsterte Ma in dem ihr eigenen Bühnenflüstern.

»Er hat das Video angehalten und wollte schon Walt Disney schreiben, bis ich ihm sagte, dass Mr Disney bereits verstorben ist. Ich mache uns einen Tee.«

Und damit ging sie und setzte Wasser auf. Jet ging hinaus, um Stare zu jagen. Stille machte sich im Wohnzimmer breit. Beth und Emma schauten mich an, ich sollte schlichten.

»Ähm, das Amerikanische Rotkehlchen ist doch ein Zugvogel, richtig, Dad? Turdus migratorius. Hätte denn nicht einer davon im Sturm vom Kurs abgekommen und aus Versehen in London gelandet sein können? Die vorherrschende Windrichtung ist von West nach Ost, dazu noch ein Sturm?«

»Der Wind war stark genug, um all die anderen Kindermädchen davonzupusten, Grandpa«, sagte Emma.

Mein Vater räusperte sich. »Na ja, unmöglich ist das nicht, nehme ich an«, räumte er ein.

»Puh, diese Krise wäre also schon mal gelöst! Wenn ihr mich jetzt entschuldigen würdet, Leute, ich muss aufs Revier und mich um etwas kümmern, das alle Leute Sean Duffys letzten Fall nennen.«

Ich ging hinaus und machte mir im Geist eine Notiz, Dad niemals David Lynchs Blue Velvet zu zeigen – bei dem Rotkehlchen am Ende würde er wohl einen Herzinfarkt kriegen.

Ich schaute unter dem BMW nach Sprengsätzen, fand keine und fuhr mit lockeren achtzig Sachen die Victoria Road entlang und dann mit hundert über den Marine Highway.

Nicht gerade eine Kehre mit angezogener Handbremse auf den Parkplatz des Reviers, aber ein gewisser Elan beim Bremsen und Vorzeigen des Dienstausweises.

Ein paar von der Mannschaft im Erdgeschoss nickten mir zu und sagten Hallo, und ich ging die Treppe zum Criminal Investigation Department hinauf. Crabbie war noch nicht da und Lawson war auf dem Klo oder sonst wo, also zog ich mich in mein Büro zurück. Auf dem Tischkalender stand 20. Dezember 1989. Ich blätterte weiter zum 1. Januar 1990.

Auf diesen Tag hatten wir lange gewartet. Crabbie und ich gaben unsere Posten als Vollzeitdetectives auf und schlossen uns der Teilzeitreserve der RUC an. Crabbie tat dies, um mehr Zeit auf seiner größer gewordenen Milchfarm zu verbringen. Ich tat es aus komplexeren Gründen. Vor allem waren da natürlich Beth und Emma. Der Angriff auf unser Haus in der Coronation Road vor gut einem Jahr war für Beth der letzte Tropfen gewesen. Sie wollte Emma nicht in einem Land großziehen, in dem Soldaten durch die Straßen patrouillierten, Nacht für Nacht Bomben hochgingen und Unruhen ausbrachen. Sie hatte ihren Abschluss an der Glasgow University gemacht, und mit einem Master in Englisch und einem in Pädagogik war es ihr nicht schwergefallen, eine Anstellung als Realschullehrerin in Schottland zu finden. Sie hatte eine Stelle an der Stranraer Girls Grammar School angenommen und würde dort nächste Woche mit Beginn des neuen Schuljahrs anfangen. Wir hatten in Portpatrick ein großes altes Haus mit Blick auf die Irische See gekauft und Sommer und Herbst damit verbracht, es herzurichten. Der Umzug nach Schottland würde Beth glücklich machen, doch ich konnte natürlich nicht weiter in Vollzeit als leitender CID-Beamter in Carrickfergus arbeiten. Ich würde auch kein Detective mehr sein können, denn die waren rund um die Uhr auf Bereitschaft. Dafür konnte ich als Teilzeitreservist bei der Polizei bleiben und musste nur sieben Tage im Monat arbeiten. Diese sieben Tage waren wichtig, denn wenn ich die kommenden dreieinhalb Jahre sieben Tage im Monat dabeiblieb, konnte ich mit einer Vollpension nach zwanzig Dienstjahren bei der RUC aufhören. Ich konnte also in Schottland in relativer Sicherheit bei Beth leben und trotzdem die zwanzig Jahre vollmachen.

Die sieben Tage würden hauptsächlich Verwaltungskram bedeuten, aber ich würde mich auch um unseren IRA-Doppelagenten John Strong kümmern, wann immer Gelegenheit dazu war. Strong war sehr pflegeintensiv, aber das war es wert. Die IRA glaubte noch immer, dass er ihr Maulwurf bei der Polizei war, und hatte keine Ahnung, dass wir ihn umgedreht hatten. Im Laufe des letzten Jahres hatte er die IRA mit bedeutsamen Falschinformationen gefüttert und dafür wertvollen Einblick in die Kommandostruktur der IRA zu beiden Seiten der irischen Grenze erhalten. Strong vertraute mir mehr als seinen anderen Betreuern, deshalb hatte ich auch diesen kleinen Deal für Crabbie und mich aushandeln können – wir würden als Teilzeitreserve arbeiten, aber nach den zwanzig Jahren die volle Pension beziehen.

Der 1. Januar 1990 sollte der Beginn dieses neuen Arrangements sein, dazu musste ich nur noch meine Fälle abschließen und die Schlüssel an Lawson weitergeben.

Lawson war kein schlechter Mann. Seine größten Qualitäten waren Jugend, Intelligenz und Eifer, aber es mangelte ihm an Erfahrung, und manchmal hatte er den hageren, hungrigen Blick eines ehrgeizigen Mannes. Lawson sah sich womöglich als Chief Superintendent, wenn er in mein Alter kam, und vielleicht würde er von der Londoner Metropolitan Police abgeworben und jenseits des Wassers als Commander enden. Ehrgeizige Menschen um sich zu haben war immer ein wenig gefährlich, und manchmal machte ich mir Sorgen, dass er mit Kanonen auf Spatzen schießen könnte, nur um die Zahl der durch ihn vorgenommenen Verhaftungen hochzuhalten.

Aber wir würden ja sehen.

An dem Schreibtisch, an dem bald jemand anderer sitzen sollte, blätterte ich durch die Korrespondenz. Oben im Eingangskorb lag ein internes Memo mit dem Stempel WICHTIG.

Ich öffnete den Umschlag, und es fiel ein Blatt heraus. Es handelte sich um eine Reihe von blödsinnigen Klagen der Verwaltung über unsere Spesen, und unten auf der Seite hatte Dalziel in einer Mann-auf-dem-Mond-Schriftgröße hastig hingeschrieben: »Schauen Sie doch bitte in meinem Büro vorbei, bevor Sie gehen, Inspector Duffy, Sie haben das Budget weit überschritten.«

Das CID überschritt ständig die Obergrenze an Überstunden, und zwar aus dem einfachen Grund, dass wir mehr arbeiteten als alle anderen auf dem Revier. Und wenn meine Männer hart arbeiteten, sollten sie auch entsprechend bezahlt werden. Inspector Dalziel würde es nicht wagen, Sergeant Lawson und die neuen Detective Constables so lange zu drangsalieren, bis sie sich mit weniger Geld zufriedengaben, als ihnen zustand. Ich wollte ihn gerade anrufen und ihm meine Meinung geigen, als die Tür aufging und der Arsch persönlich hereingestiefelt kam, ohne anzuklopfen.

In meinen Augen war er nur ein farbloser, feiger, salbungsvoller kleiner Kerl, doch ein paar Damen im Büro fanden, er würde wie Leslie Howard aussehen, was den verstorbenen Mr Howard sicher nicht erfreut hätte.

»Haben Sie schon mal was von Anklopfen gehört, Dalziel? Geht es um die Überstunden?«

»Es geht um die Überstunden und die Spesen und die Reisekosten. Ihre Abteilung zweigt ganz schön viel vom Budget ab, finden Sie nicht?«, sagte Dalziel.

»Das ist Ihr Problem, Kenny. Sie halten das hier für eine Firma. Sind wir aber nicht – wir sind die verfluchte Polizei.«

»Ich an Ihrer Stelle würde nicht so grinsen, Duffy. Ich habe dafür gesorgt, dass die Finanzinspektoren davon erfahren. Das hier geht weit über einfache Schummelei mit Überstunden hinaus. Ich denke, wir reden hier von Betrug«, sagte er voller Genugtuung.

»Das ist ein Riesenhaufen gequirlter Schweinescheiße, wie meine alte Großmutter zu sagen pflegte.«

»Ihre Großmutter, hm? Jetzt verstehe ich, von wem Sie Ihr loses Mundwerk haben.«

»Ich habe Ihre Ma und Ihren Dad beim Polizeiball kennengelernt, Kenny, nette Leute, und ich habe nicht die leiseste Ahnung, woher Sie es haben, unablässig ein solches Arschloch zu sein.«

Er setzte sich mir gegenüber hin und schüttelte den Kopf. »Das ist eine ernste Angelegenheit, Duffy. Glauben

Sie ja nicht, dass die nicht hinter Ihnen her sind, nur weil Sie zur Teilzeitreserve wechseln.«

»Setzen Sie sich, fühlen Sie sich ganz wie zu Hause.«

»Ich möchte Ihnen ganz offiziell mitteilen, dass ich mich an Special Branch wenden werde, Interne Ermittlungen. Ich werde die Abrechnungen Ihrer Abteilung der letzten fünf Jahre gründlich durchgehen, und Sergeant Lawson wird kooperieren müssen.«

»Falls ich Wind davon bekomme, dass Sie meinen Sergeant schikanieren, sind Sie fällig, Mann.«

»Soll das eine Drohung sein?«

»Ein Versprechen, Dalziel, ein verfluchtes Versprechen.«

»Sie vergessen Ihre Position, Duffy.«

Dalziel war zum Inspector befördert worden, und es ging das Gerücht, dass er das Kommando über das Revier bekommen sollte. Er war ein einflussreicher Arsch, dieser Dalziel, mit Verwandten in den oberen Rängen der Polizei und weiteren Verwandten bei der Democratic Unionist Party. Ach, und hatte ich schon erwähnt, dass er Freimaurer war? Das alte Spielchen: Hol mir einen runter und lass diesen Strafzettel verschwinden. Zwei Mal blinzeln und die Stirn runzeln und schon wirst du zum Chief Constable befördert. Aber nicht bei mir. Nicht solange sie mich brauchten, um John Strong als Agent zu betreuen. Ich schüttle den Kopf, und schon wird Kenny Dalziels Aufstieg auf der Karriereleiter an der zweiten Sprosse von unbekannten Mächten beendet und er darf sich in die Ecke stellen und Eselsohren tragen.

»Welche Position ist das, Kenny? Reiterin verkehrt herum?«

»Wir haben denselben Dienstgrad, Duffy.«

»Dafür bin ich dienstälter. Zehn Jahre, Mann.«

»Das hat nichts zu sagen. Das bedeutet nur, dass zehn Jahre lang niemand Sie für beförderungswürdig erachtet hat.«

Und damit stand er auf und wischte sich die halbe, so gar nicht Leslie Howard'sche Glatzentolle zurück.

»Ich an Ihrer Stelle würde keine Zeit an die Finanzinspektoren oder die Interne Ermittlung verschwenden, Kenny. Ich habe so das merkwürdige Gefühl, dass Ihre Bitte, gegen mich ermitteln zu lassen, sich in Luft auflösen wird. Pfft! Einfach so.«

»Ach, Sie haben eine gute Fee, die Sie beschützt, richtig?«

Ja, solange John Strong lebte, auf jeden Fall. Drei gute Feen mit Glitzerkrönchen: der Leiter der Geheimdienstermittlungen Special Branch, der Leiter des Belfaster Büros des MI5 und der RUC Chief Constable höchstpersönlich.

»Tun Sie mir einen Gefallen, Kenny, schicken Sie Ihren Bericht noch heute früh weiter. Ich möchte Ihr Gesicht um 17 Uhr sehen, wenn Sie einen Anruf vom Olymp kriegen, bei dem Ihnen klipp und klar mitgeteilt wird, Sean Duffy in Ruhe zu lassen.«

»Wir werden sehen«, sagte er und spazierte hinaus.

»Machen Sie die Tür zu, Sie Scheißer!«, brüllte ich ihm hinterher, aber das tat er nicht. Dreißig Sekunden später klopfte es leise an der noch immer offenen Tür.

»Kommen Sie rein, Lawson!«, rief ich.

Lawson kam herein und schaute betreten. Er hatte offenbar das ganze Gespräch mitbekommen und machte sich wahrscheinlich Sorgen deswegen. Zu all dem Unfug, den er in seiner ersten Woche als Diensthabender zu erledigen hatte, brauchte er nicht auch noch eine Untersuchung durch Special Branch.

»Setzen Sie sich, Junge, und wischen Sie sich die Sorgenfalten von der Stirn. Die blöden Arschlöcher werden vor dem Herrn erschlagen und erniedrigt.«

»Welcher Vers ist das denn, Sir?«

»Ich paraphrasiere, Lawson. Das gesamte Alte Testament.«

Lawson wirkte dünner und blasser als sonst. Meine Güte, geriet er schon in Stress, obwohl er den Posten noch nicht mal übernommen hatte? Oder war ich nach zehn Tagen in der Gesellschaft von Menschen, die Gemüse aßen, sich gelegentlich bewegten und Sonne abbekamen, nur den Anblick dieses blassen, käsigen Iren nicht mehr gewohnt?

»Was denken Sie gerade, Sir?«, fragte Lawson, und seine strahlend blauen Augen blitzten unschuldig.

»Ich dachte, wie gut es ist, Sie zu sehen, mein Junge. Wie ist es Ihnen ergangen?«

»Gut, Sir. Wie war Israel?«

»Reizend. Waren Sie schon mal dort?«

»Nein. Ich würde gern, eines Tages. Ich habe Tante und Onkel in Haifa.«

»Ich habe ein Geschenk für Sie«, sagte ich und drückte ihm die übliche Riesen-Toblerone vom Flughafen in die Hand.

»Danke, Sir.«

»Ich habe auch heiliges Wasser mitgebracht. Möchten Sie? McCrabban wird ablehnen.«

»Ähm, nicht so ganz meine …«

»Vergessen Sie's. Alles in Ordnung hier?«

»O ja, Sir. Ruhig. Der Postraub, die Wandalen, die wir geschnappt haben, und der VF von gestern.«

»Gibt es was Neues bei dem Raubüberfall?«

»Keine Spuren, Sir, tut mir leid. Ich habe meine Fühler ausgestreckt, aber niemand hat eine ungewöhnliche Geldsumme ausgegeben oder im Pub geprahlt.«

»Noch nicht, aber das kommt schon noch. Das tun sie doch immer, diese armen Trottel. Und wie sieht es bei den Wandalen aus?«

»Hab sie das Fürchten gelehrt. Hab gesagt, wir könnten sie wegen Einbruch oder versuchtem Diebstahl drankriegen. Fünf Jahre Kesh, hab ich gesagt.«

»Und wie haben sie darauf reagiert?«

»Nun ja, wenn es cool ist, sich in die Hosen zu machen, dann waren sie Miles Davis und Duke Ellington zusammen.«

»Netter Jazzvergleich, gefällt mir. Wie lautete Ihr Bericht?«

»Der Chief Inspector wollte eine Anklage sehen, aber ich erklärte ihm die Regel *De minimis non curat lex.*«

»Sehr gut, Lawson! Das Recht kümmert sich nicht um Bagatellen ... oder Baiser oder andere Backwaren, die Ihre Großmutter sonst vielleicht verbrochen hat.«

Lawson versuchte, nicht mit den Augen zu rollen, schaffte es aber nicht ganz. Er räusperte sich. »Jedenfalls fanden Sergeant McCrabban und ich, dass eine Anklage zu viel des Guten gewesen wäre.«

»Ich hab da noch einen für Sie, Junge. Mein Dad hat mich in Limerickstimmung versetzt. Mal sehen, wie geht er noch gleich? Ach ja, also: Es war mal ein Anwalt namens Rex / Der war beim Sex oft perplex / Sprach sie ihn drauf an / antwortete er dann: / *De minimis non curat lex!*«

Keine Reaktion von Lawson. Nicht mal ein Höflichkeitskichern. Meine Masche war wohl doch abgenudelt. Noch ein Grund mehr, um von hier zu verschwinden. Ich zog an meinem Asthma-Inhalator. Der erste Zug seit einer Woche. Das Rauchen massiv einzuschränken und die frische Luft taten mir offenbar gut.

»Sie haben es also bei einer Verwarnung belassen?«, fragte ich.

»Ganz genau, Sir. Ich glaube, die Botschaft ist angekommen.«

»Und was gibt es bei dem Vermisstenfall?«

»Die üblichen Benachrichtigungen an Flughäfen, Grenzkontrollen und andere Polizeikräfte. Außerdem steht es im Interpol-Computer.«

»Aye, schätze, ich schau mir mal die Akte zu diesem Fall an.«

»Selbstverständlich, Sir.«

Lawson verschwand und kam mit einem sehr schmalen Aktendeckel zurück. Tatsächlich befanden sich darin nur die Aussage der Mutter und der Ausdruck des Computereintrags. Zwei Seiten für ein vermisstes Kind. Wäre sie keine Traveller gewesen, hätte sich ein ganzes Team dieser Aufgabe angenommen, und wenn die Mutter so vernünftig gewesen wäre, einen unserer örtlichen Politiker oder die BBC einzuschalten, dann wäre die Akte schon zweieinhalb Zentimeter dick gewesen. Doch die Mutter kannte keine Politiker und hatte die BBC nicht angerufen. Sie war eine

Traveller, die auf dem Campingplatz Kilroot lebte – also nur zwei Seiten.

Lawson konnte meine Missbilligung spüren.

»Sir, ist etwas nicht in Ordnung?«

»Ich habe Ihnen gegenüber meine pädagogischen Aufgaben wohl nicht ganz erfüllt, Lawson, mein Junge. Und hören Sie auf, mit den Augen zu rollen, auch wenn Sie glauben, dass ich es nicht bemerke.«

»Sir, ich würde niemals …«

»Doch, das würden Sie. Sie glauben, Sergeant McCrabban und ich haben Ihnen nichts mehr beizubringen. Sie können gut mit Zahlen, find ich prima. Und Sie haben Aristoteles gelesen, find ich auch prima, aber es geht nicht nur um die Zahlen, richtig? Es geht darum zu wissen, wann man sich tief in eine Sache vergräbt und wann man sich zurückhält. Und in diesen Fall werden wir uns vergraben.«

Man konnte sehen, dass er am liebsten gefragt hätte, warum. Und die Antwort darauf hätte lauten müssen, wegen dieses anderen Falls an Silvester vor zehn Jahren und des halben Dutzend weggelaufener Teenagerinnen, mit denen ich zu tun hatte, seit ich zur Polizei gekommen bin, die alle nicht ernst genommen wurden.

»So gern ich das auch hätte, aber wir werden uns mit diesem Fall nicht hetzen. Sie werden den Laden übernehmen, Lawson, ich werde friedlich auf der anderen Seite des Wassers in einen halben Ruhestand gehen, und Crabbie wird mehr Zeit mit seinen Kühen verbringen, aber alles zu seiner Zeit.«

»Sir, ich wollte nicht …«

»Ich weiß, was Sie denken. Sie denken: Die Welt ist ungerecht, und die Tugend siegt nur im Theater. Nun, Sie sind nicht der Mikado und ich nicht Mr Gilbert.«

Lawson hatte keine Ahnung, wovon ich sprach, und das war gut so – gut, die Jungen ab und an daran zu erinnern, dass sie nicht verflucht alles wissen.

Ich brach ein Dreieck von seiner Toblerone ab und las die Aussage der Mutter zum Verschwinden ihres Kindes:

Aussage Eileen McAtamney, Carrickfergus RUC,

Scotch Quarter, Carrickfergus
31.12.1989
16.12 Uhr

Frage: Wann ist Ihnen aufgefallen, dass Ihre Tochter nicht nach Hause gekommen ist?
Antwort: Gestern Nachmittag war sie nicht da.
F: Ist sie schon mal weggelaufen?
A: Nur ein Mal. Ist alleine nach Dublin gefahren.
F: Wie lange war sie damals fort?
A: Vier Tage.
F: Es ist gerade etwas über ein Tag vergangen. Warum machen Sie sich jetzt Sorgen?
A: Ach, sie hängt jetzt mit einer schlimmen Clique ab.
F: Hat sie Geld mitgenommen?
A: Ich weiß nicht.
F: Hat sie Verwandtschaft im Süden oder jenseits des Wassers?

A: Oh, aye, jede Menge. Millionen.

F: Glauben Sie, Sie könnten sie vielleicht für uns anrufen und wissen lassen, ob sie vielleicht dort ist?

A: Aye, das könnte ich machen.

F: Hat sie etwas Auffälliges angehabt? Eine grelle Jacke oder so was oder auffälligen Schmuck?

A: Eine grelle Jacke? Aye, so was hat sie schon. Eine knallrote, glaub ich …

Ich stand auf und zog mein Jackett über das Schulterholster. Ich trug noch die Sachen aus dem Flieger: schwarzes Polohemd, blaue Jeans, schwarze Adidastreter – ich hatte mir nur noch schnell ein braunes Tweedjackett angezogen, um ein wenig verstaubter und professioneller zu wirken. Für die Öffentlichkeit sollte das reichen.

»Mitkommen«, sagte ich zu Lawson und ging zum Einsatzraum hinüber.

»Wohin?«

»Wer hat die Aussage aufgenommen?«, fragte ich und reichte ihm die Akte zurück.

»WPC Rice.«

»Ist sie Detective?«

»Nein. Aber eine Frau. Ich dachte, ein mitfühlendes Ohr könnte …«

»Jede Menge Suggestivfragen, ein erschreckender Mangel an Details, kein Foto und abgesehen von der Computereingabe keine weitere Arbeit. Ich bin überrascht, Lawson.«

»Es war Silvester, Sir, und die Frau wirkte nicht sonderlich beunruhigt. Sie hat erklärt, dass das Mädchen schon mal weggelaufen ist«, verteidigte sich Lawson.

»›Hat sie eine grelle Jacke? Aye, so was hat sie schon.‹ Also wirklich, Lawson …«

Lawson bekam feuchte Augen.

Feuchte Augen? Himmel, er hatte bei der RUC bislang ein behütetes Leben geführt. Ich war sein Mentor, und ich war ein recht lockerer Typ. Chief Inspector McArthur war sein Revierleiter, und auch er war im Allgemeinen ein abgeklärter Bursche. Man hatte auf Lawson geschossen und ihn verfehlt, was einem den Glauben gab, dass die Engel über einen wachten und man nicht fehlgehen konnte. Aber dieser kurze Bericht war keine gute Polizeiarbeit.

»Schon gut, mein Junge, kein Grund für Tränen, aber das nächste Mal strengen Sie sich besser an, okay?«

»Ja, Sir«, erwiderte er bedrückt.

»Diese Zeugenaussage ist zwanzig Stunden alt, und Carrickfergus CID hat bisher noch nichts unternommen.«

»Es tut mir wirklich leid, Sir, es schien mir keine große Sache. Ich hoffe, Sie haben das Vertrauen in meine Fähigkeiten nicht …«

»Es muss sich alles ändern, damit alles so bleiben kann, wie es ist, Sie werden Ihren Job gut machen, ich weiß das, und Crabbie weiß das, deshalb ist es ja vollkommen okay für uns, dass Sie den Laden übernehmen.«

»Danke, Sir.«

Ich hoffe nur, dachte ich, ohne es zu sagen, dass sich daraus kein Mordfall entwickelt, sonst müssen wir womöglich die zwanzig vergeudeten Stunden erklären.

Jackett. Treppe. BMW.

Wir ließen das Revier hinter uns und fuhren an der Küste entlang in Richtung Kilroot. Die Travellerbevölkerung in Carrickfergus hatte in den letzten Jahren zugenommen: Ergebnis einer Reihe von Parlamentsbeschlüssen, die darauf abzielten, illegale Zigeuner- und Travellerlager zu unterbinden. Gemeinderäte konnten Zigeuner und Traveller vertreiben, aber nur, wenn sie Plätze auswiesen, auf denen diese lagern durften. Carrickfergus hatte keinen solchen Platz ausgewiesen, was paradoxerweise dazu führte, dass der Bevölkerungsanteil an Travellern geradezu explodiert war. Kein Lagerplatz, das bedeutete, dass jeder Anwalt, der wusste, was er tat, jede Anordnung zur Räumung erfolgreich vor Gericht niederschlagen lassen konnte. Nach dem vierten erfolgreichen Fall hatten wir – die Polizei – aufgehört, uns weiter mit diesen Räumungsanordnungen zu beschäftigen. Nun gab es ein halbes Dutzend faktisch illegaler Travellerlager in der Stadt und drum herum, meist auf Ödland oder im Grenzland neben Feldern und Wäldern. Land, das niemals jemand beansprucht hatte, bis die Zigeuner auftauchten, doch dann beschwerten sich die Anwohner bei der Polizei.

Dieses Lager hier wirkte harmlos. Auf dem Ödland zwischen dem Kraftwerk Kilroot und den Bahngleisen stand ein Dutzend kleiner weißer Campingwagen, es gab ein paar Pferde und ein paar zerbeulte Karren aus den Siebzigern. Kinder verschiedenen Alters kickten einen alten Lederball herum, der so oft geflickt und genäht worden war, dass man sich schon fragte, ob es sich nicht um ein Überbleibsel aus dem 19. Jahrhundert handelte.

Ich stellte den BMW ab und suchte mir das größte, furchteinflößendste Kind aus dem Haufen heraus.

»Ich brauche jemanden, der auf meinen Wagen aufpasst«, sagte ich.

»Zehn Pfund die Stunde«, entgegnete er wie aus der Pistole geschossen.

»Fünf.«

»Abgemacht.«

Er besah sich den Wagen. »Nette Karre.«

»Danke. Wie heißt du, Junge?«

»Danny. Hey, Mister, kriegen Sie die Kiste auch über 100?«

»Ja.«

»Nette Karre, aber Sie sollten sich ein Lenkradschloss anschaffen. Die Funkschlüssel bei den neuen BMWs funktionieren mit Infrarot, nicht mit Funk. Mein Onkel Cecil hat ein Gerät, mit dem kommt er in jede Kiste mit Infrarotschlüssel.«

»Gut zu wissen. Welcher Wohnwagen gehört Eileen McAtamney?«

»Der da drüben.«

»Ist sie zu Hause?«

»Aye.«

»Sag mal, Danny, hast du Katrina McAtamney in letzter Zeit hier gesehen?«

»Seit ein paar Tagen nicht.«

»Und wann zum letzten Mal?«

»Donnerstag hab ich sie im Tourist Inn gesehen.«

»Was hat sie da gemacht?«

»Getrunken.«

»Allein oder mit jemandem?«

»Allein.«

»Weißt du noch, was sie anhatte?«

»Wahrscheinlich ihren großen weißen Pulli und die schwarze Jeans.«

»Okay. Danke. Niemand darf den Wagen anrühren – und ich meine anrühren.«

Wir gingen über den schlammigen Platz, gefolgt von einem Haufen Hunde und einem zutraulichen Esel.

Mrs McAtamneys Wohnwagen war uralt, wahrscheinlich aus den Fünfzigern. Rahmen und Verschalung aus Aluminium. Die ganze Konstruktion wies keinerlei Zugfestigkeit auf, und im Laufe der Jahre hatten Bewegung, Wind und Wetter alle Verbindungen geschwächt, und es hatten sich Fugen zwischen den Metallplatten gebildet. Anders gesagt, wenn man nicht gerade in Südfrankreich lebte, war es darin das ganze Jahr über kalt, klamm und kümmerlich.

Kein Ort zum Leben oder um ein Kind großzuziehen.

Ich klopfte an.

Niemand öffnete.

Ich klopfte lauter.

»Wer ist denn da?«, fragte Mrs McAtamney.

»Detective Inspector Duffy, Detective Sergeant Lawson, Carrickfergus CID«, antwortete ich.

Mrs McAtamney öffnete. Sie war Ende dreißig, Anfang vierzig, hatte braune Haare, war auf eine ausgemergelte, wettergegerbte Art durchaus attraktiv. Sie trug einen alten schwarzen Rollkragenpulli, Jeans mit Schlag und Clogs, Klamotten, die um 1972 Mode gewesen waren. Hinter ihr im Wohnwagen spielten drei Kinder im Alter von vier bis neun irgendeine Art von Brettspiel.

»Was wollen Sie?«, fragte sie.

»Haben Sie gestern Ihre Tochter Katrina McAtamney als vermisst gemeldet?«

»Aye, habe ich. Haben Sie sie gefunden?«

»Nein. Noch nicht.«

»Na, jedenfalls ist sie bestimmt nicht bei Jordy Hardcastle. Ich bin gestern Nacht dort hingefahren, und er hat mir gesagt, ich soll mich verpissen. Und er hat mich von einem seiner Kumpel aufmischen lassen. Er kann von Glück reden, dass ich keine Anzeige erstattet habe.«

Ich zückte mein Notizbuch. »Jordy wer?«

»Jordy Hardcastle.«

»Adresse?«

»Nummer 3, Water Street, in Carrickfergus drüben.«

»Und was ist genau passiert?«

»Ich bin dort vorbei und wollte sehen, ob Katrina da ist, aber er meinte, er hat sie nicht gesehen, dann wollte ich selber nachsehen, und er hat einen großen Kerl zu mir rausgeschickt.«

»Und der hat Sie geschlagen?«

»Rumgeschubst. Ziemlich grob.«

Es begann zu regnen. »Können wir reinkommen?«, bat ich.

»Aye, warum nicht. Wollen Sie einen Tee?«

»Aber nur, wenn es keine Umstände macht.«

»Macht es nicht. Harry, mach den Bullen mal Tee!«

Der älteste Junge stand auf und schaltete den Wasserkocher ein.

Während ich mich mit Mrs McAtamney unterhielt, beobachtete ich, wie er zwei alte Teebeutel aus der Spüle fischte und sie in ein Paar ungespülter Becher warf. Unter gar keinen Umständen konnte man in Irland eine Tasse Tee ablehnen, ohne jemanden zu beleidigen, also musste ich wenigstens einen Schluck davon trinken.

»Kat ist Ihre Älteste?«, fragte ich und schaute zu den Kindern hinüber.

»Nein«, antwortete sie.

»Wie viele Kinder haben Sie, Mrs McAtamney?«

Sie seufzte. »Da sind die vier Kleinen, die bei mir leben. Die drei und John, der spielt draußen Fußball. Die beiden mittleren Mädchen leben bei Daniel, ihrem Dad, und ihrer Stiefmutter in Manchester. Roy, mein Ältester, ist in der Armee. Der ist gerade in Belize. Kenneth ist in Amerika. Sandra, die ist mit einem Schwarzen durchgebrannt und lebt mit ihm in Kilburn. Und dann ist da noch Kat.«

»Also zehn Kinder insgesamt?«, sagte ich, als ich durchgezählt hatte.

»Und Mary, aber die ist an Diphtherie gestorben.«

»Alle vom selben Vater?«, fragte ich.

»Was denken Sie denn?«

»Ich habe keine Ahnung.«

»Verschiedene Väter, aber von denen ist keiner mehr hier. Zwei sind tot, einer sitzt in Holland im Gefängnis.«

»Kats Vater?«

»Ist einer von den Toten. Patrick. Er war ein guter Mann.

Ist einmal vom Blitz getroffen worden. Hat's überlebt. Ist in Glasgow vom Auto überfahren worden. Hat ihn erledigt, ja, das hat es. Der Fahrer war betrunken.«

»Wir brauchen Anschriften und Telefonnummern von Daniel, Kenneth und Sandra. Ich schätze mal, Kat wird es nicht bis Belize schaffen.«

»Möchten Sie Zucker?«, fragte der teekochende Junge.

»Ja, Milch, zwei Löffel Zucker«, antwortete ich.

»Ich auch«, meinte Lawson.

An einem kleinen Tisch, den Mrs McAtamney für uns aufklappte, schrieb ich Namen und Anschriften von Kats älteren Geschwistern auf.

»In meinen Notizen steht, Sie haben WPC Rice gesagt, Sie würden die Verwandtschaft anrufen, um zu hören, ob Kat dort aufgetaucht ist. Ist sie?«

»Niemand hat auch nur eine Spur von ihr gesehen.«

»Wir werden noch mal anrufen und ihnen unsere Nummer geben, und wenn sie auftaucht, geben wir Ihnen Bescheid. Gibt es einen Stiefvater, dem sie nahestand?«

»Roy. Sie kam gut mit Roy aus.«

»Könnte sie nicht weggelaufen sein, um bei ihm zu leben?«

»Nein.«

»Sind Sie sicher?«

»Ganz sicher. Er ist seit zwei Jahren tot. Ist in Appleby vom Pferd getreten worden.«

Der Junge knallte die beiden Becher und einen Teller mit Pfauenaugen vor uns hin.

»Danke, Sohnemann«, sagte ich und machte eine Riesenschau daraus, den Keks in den Tee zu tunken und so zu tun, als würde ich ihn essen, nur um ihn in Wirklichkeit in der Hand zu verstecken und später, wenn niemand zuschaute, unter dem Tisch in einem Taschentuch verschwinden zu lassen.

»Was ist denn in Appleby?«, fragte Lawson und schaute von seinem Notizbuch auf.

»Der größte Zigeuner-Pferdemarkt auf den Britischen Inseln, glaube ich«, antwortete ich, und Eileen McAtamney nickte.

»Damals waren wir natürlich schon getrennt, aber er hat Geld für Kat geschickt und zum Geburtstag immer ein Geschenk. Er war ihr Liebling. Eine Schande. *Ar dheis Dé go raibh a anam.*«

»Go ndeana Dia grasta ar a anam dílis«, erwiderte ich in angemessener Weise darauf, was sie beeindruckte, woraufhin sie mir, glaube ich, mehr Vertrauen entgegenbrachte.

»Wann ist Ihnen aufgefallen, dass Kat verschwunden ist?«, fragte ich.

»Gestern. Ich bin zu ihrem Wohnwagen gegangen, um zu schauen, ob sie schon mit meiner Wäsche fertig ist. Ich bin rein, aber sie war nicht da. Die ganze Nacht über nicht.«

»Sie hat ihren eigenen Wohnwagen?«

»Als ihr Onkel Norman gestorben ist, habe ich beschlossen, ihr seinen Wohnwagen zu geben; sie wohnt seit etwa einem Jahr dort.«

»Wir brauchen die Schlüssel zu dem Wohnwagen.«

»Wozu? Dort ist sie nicht. Sie wird sich nicht gerade unterm Bett verstecken.«

»Nein, aber vielleicht hat sie eine Nachricht dagelassen oder ein Tagebuch oder so.«

»Ihr alter Koffer ist noch da. Wenn sie weggelaufen ist, dann ganz plötzlich, aber das glaub ich nicht. Ich glaube, dass ihr etwas zugestoßen ist. Dieser Jordy Hardcastle … der kleine Scheißer. Ich hole Ihnen den Schlüssel.«

Sie holte den Schlüssel, und ich kreiste Hardcastles Namen in meinem Notizbuch ein. Ich nahm mir noch einen Keks, aß ihn, ohne ihn in den Tee zu tunken, und ermunterte Lawson mit einem Nicken, Fragen zu stellen. In ein paar Wochen würde er das allein machen müssen.

»Wann haben Sie sie das letzte Mal gesehen?«, fragte er.

»Sie hat Samstagabend mit uns gegessen.«

»Um welche Uhrzeit?«, setzte Lawson nach.

»Früher Abend. So gegen fünf.«

»Und danach?«, fragte ich.

»Ist sie ausgegangen, glaub ich. Es war Samstagabend.«

»Um welche Uhrzeit haben Sie sie das letzte Mal gesehen?«

»Um halb fünf etwa.«

Ich überschlug die Zeit im Kopf. Es war Montag, kurz vor zwei. Sie war also seit fast achtundvierzig Stunden weg. War sie weggelaufen, konnte sie in der Zwischenzeit irgendwo in Europa sein. War sie tot, hatte es genug Zeit gegeben, alle Spuren ihres Mordes zu beseitigen.

»Wirkte sie nervös oder irgendwie anders an dem Abend?«

»Normal. Soweit ich das sehen konnte.«

»Was hat sie angehabt?«

»Weiß ich nicht mehr.«

»Hatte sie sich feingemacht für die Nacht?«

»Nein, nur Jeans, glaub ich, und ihre Jacke.«

»Farbe?«

»Schwarz. Ganz gewöhnliches Schwarz. Und ihren großen weißen Pullover, glaub ich.«

»Schuhe?«

»Weiß ich nicht. Kinder, weiß einer von euch, welche Schuhe Kat am Samstag getragen hat?«

Allgemeines Kopfschütteln.

»Sneaker, Stiefel, Abendschuhe, das sind wohl die Möglichkeiten«, sagte ich, doch niemand erinnerte sich daran.

»Hat sie einen Freund oder eine Freundin, denen sie sich anvertraut?«, fragte ich und klappte mein Notizbuch auf.

»Einen Freund? Nicht, dass ich wüsste. Jordy ist ganz sicher nicht ihr Freund. Und sie war die Älteste hier in der Gegend. Alle anderen sind fort. Robert mochte sie. Robert Patterson. Mary Patterson war das letzte Mädchen in ihrem Alter, sie war mit Kat befreundet, aber die Pattersons sind gegen Ende November auf und davon.«

»Wo sind sie jetzt?«

»Ach, wer weiß? Glen ist Schmied. Heutzutage ist der Job sehr gefragt.«

»Wer ist Glen?«

»Marys Vater. Vielleicht hat er von einer Arbeit unten im Süden gehört, und sie sind runtergezogen. Glen, Robert, Mary und Coral. Coral ist Marys Stiefmutter.«

»Wie alt ist dieser Robert?«

»Sechzehn. Es gibt ein halbes Dutzend älterer Brüder, aber die hat's schon vor Jahren in alle Winde verstreut.«

»Nachsendeadresse für die Post der Pattersons?«

»Es gibt keine.«

»Und wie kommen Sie in Kontakt mit ihnen, wenn nötig?«, fragte ich.

»Sie fahren zur Pferdeschau in Ballycastle«, antwortete sie.

»Im August?«, fragte ich.

»Zu Lammas, ja.«

»Und davor gibt es keine Möglichkeit, Kontakt zu ihnen aufzunehmen?«

»Nicht, dass ich wüsste.«

Wir versuchten, die zeitliche Abfolge noch etwas genauer festzuklopfen, aber es gab nichts hinzuzufügen. Ich fragte die Kinder, ob sie noch etwas wüssten, aber sie hatten nichts Sachdienliches beizusteuern.

»Und wer ist dieser Jordy Hardcastle?«

»Sie hat Geld von ihm gekriegt. Schecks und Bargeld.«

»Wofür?«

»Er hat Fotos von ihr gemacht.«

»Ich verstehe«, sagte ich. Das gefiel mir überhaupt nicht.

»Und einmal ist sie von seinem Haus zurückgekommen und hat nach Drogen gestunken.«

»Welche Drogen?«

»Weiß ich nicht. Gras, glaub ich. Ich rühr das Zeug nicht an.«

»Ich verstehe. Hat Kat die Drogen bei Jordy gekauft?«

»Ich weiß nicht, ob er dealt. Hier gibt es ziemlich wenige Dealer, wo doch die IRA oder die UVF sie umbringen, wie diesen Mann in Sunnylands vor einem Jahr. Erinnern Sie sich noch daran? Den haben sie mit einem Pfeil erschossen. Was für ein Abgang.«

»Das war mein Fall, Mrs McAtamney. Es handelte sich um einen Armbrustbolzen in den Rücken, aber ich verstehe, was Sie meinen. Also gut, wir gehen ihren Wohnwagen durch, und wenn Ihnen noch irgendetwas einfällt oder sie sich hier oder bei irgendeinem Verwandten meldet, geben Sie uns bitte umgehend Bescheid«, sagte ich und reichte ihr meine Karte. »Ach, und bevor wir gehen, ich bräuchte noch ein neueres Foto, wenn Sie eins auftreiben können, während wir uns drüben umsehen.«

»Will mal sehen, was ich habe.«

Auf dem Weg über den schlammigen Platz hinüber zu Kats Wohnwagen fragte ich Lawson, ob er sich schon Visitenkarten hatte machen lassen.

»Karten? Nein, das hat mir niemand gesagt …«

»Sie brauchen ein paar hundert davon. Name, Telefonnummer im Büro, Telefonnummer des Reviers, und wenn Sie besonders klug sind, auch die eigene Telefonnummer. Glauben Sie bloß nicht, was in den Handbüchern steht. Es geht nicht um Forensik. Es geht nicht um Geständnisse. Neunzig Prozent in diesem Geschäft sind Hinweise und Mitarbeit von Max und Marianne Mustermann.«

Auch das kritzelte Lawson in sein Notizbuch.

Der Nieselregen hatte zugenommen, und das Fußballspiel war vorbei, aber der Junge, der meinen Wagen bewachte, stand noch immer ohne Jacke oder Regenschirm da.

»Du kannst im Wagen warten, solange du nichts anrührst«, sagte ich und schloss den BMW auf.

»Kann ich rauchen?«

»Nein, kannst du nicht«, entgegnete ich beinahe hysterisch. Ich rauchte ja selbst nicht im Wagen. Tatsächlich war ich so brav geworden, dass ich nur noch sieben Zigaretten in der Woche rauchte und niemals im Wagen.

Die Tür zu Kats Wohnwagen war nicht abgeschlossen. Wir zogen Latexhandschuhe an und stiegen ein.

Klein, aufgeräumt, mit teilweise eingedelltem Dach. Das Bett war gemacht, die Kleidung verräumt. Es gab ein paar Bücher auf einem Regal aus Gasbetonsteinen und Brettern, was immer ermutigend war. Ich schaute mir die Titel an: Der Silberne Sessel, Der Hobbit, die Erdsee-Saga, nicht mein Fall, aber ermutigend. Manche Travellerkinder lernten nicht mal lesen.

Ich zeigte Lawson die Bücher.

»Sie war eine Leserin«, sagte ich und korrigierte mich: »Sie ist eine Leserin, wollte ich sagen.«

Viele Kleidungsstücke gab es nicht, und das wenige war durch mehrere Generationen von Cousinen, Tanten und dergleichen gewandert. Es gab einen Kassettenrekorder und ein paar Kassetten. Eine Badekappe, einen Morgenmantel aus Kunstseide, ein paar hübsche neue Kleider. Die neuen Kleider waren vielleicht von Bedeutung. Sie hatte kürzlich Geld gehabt.

Ihr Musikgeschmack war wohl typisch für die Zeit, stellte ich mir vor. Bands und Sängerinnen, von denen ich noch nie gehört hatte.

Wir durchsuchten den Wohnwagen eine gute halbe Stunde lang, doch unglücklicherweise gab es weder Tagebuch noch Notizbuch. Es gab zwei Telefonnummern auf Klebezetteln, die ich eintütete. Der Koffer war tatsächlich noch da, dazu dreißig Pfund und Ringe in einem Schmuckkästchen.

»Sie hat ihren Koffer dagelassen«, sagte ich.

»Wenn ich durchbrennen würde, dann würde ich das Geld mitnehmen«, meinte Lawson.

»Ja, ich auch«, pflichtete ich ihm bei.

»Es sei denn, ich will nicht, dass meine Ma oder die Polizei denkt, ich bin durchgebrannt«, setzte Lawson hinzu.

»Das wäre ausgebufft, aber vielleicht eins zu viel gedacht. In Ulster ist Ockhams Rasiermesser meistens ziemlich scharf.«

Wir gingen zu Mrs McAtamneys Wohnwagen.

»Haben Sie etwas gefunden?«, fragte sie.

»Nein. Ein paar Telefonnummern auf Haftzetteln, aber das war's auch schon«, antwortete ich. »Da ist etwas Geld und Schmuck, den Sie vielleicht verwahren sollten, bis sie wieder zurück ist.«

»Mach ich.«

»Hat sie ein Bankkonto oder so etwas?«

»Nein! Niemand hier in der Gegend hat ein Bankkonto.«

»Sie scheint ein kluges Kind zu sein. Sie liest. Wie war Kat in der Schule?«

»Schule?«

»Ja, wie war sie? Gute Schülerin, schlechte Schülerin, beliebt?«

»Sie ist nicht in die Schule gegangen. Das letzte Mal war sie mit elf oder zwölf in der Schule, da haben wir in Nantes gelebt.«

»Nantes in Frankreich?«

»Aye. Da gibt es eine große Travellergemeinde, aber die Behörden haben dafür gesorgt, dass alle Kinder in die Schule gingen. Wenn nicht, landete man vor Gericht.«

»Und wie lange war sie in der Schule?«

»Etwa zweieinhalb Jahre, bis wir von dort weggezogen sind.«

»Sie kann also Französisch?«

»Oh, aye, fließend.«

»Sie könnte also vielleicht in Frankreich sein?«, fragte Lawson.

Mrs McAtamney schüttelte den Kopf. »Wenn sie weggelaufen ist, dann nicht dorthin. Das Essen war nicht gut für sie. In der Schule gab es andauernd Fisch, und dann der ganze verdammte Knoblauch.«

»Wenn sie Kontakte nach Frankreich hat, sollten wir Interpol einschalten«, grübelte ich.

»Ich habe sie schon in den Computer eingegeben«, sagte Lawson.

»Welche Sprachen kann sie denn noch?«

»Shelta, natürlich, und fließend Irisch. Und Französisch. Ein bisschen Spanisch aus der Zeit, als wir im Baskenland gelebt haben.«

»In Spanien haben Sie auch gelebt?«

»Als sie klein war. Nur für ein Jahr. Schön da unten, wirklich. Wir sind abgefackelt worden, da mussten wir weiter.«

»Sie ist erst fünfzehn, warum haben Sie sie hier nicht in die Schule geschickt?«, fragte Lawson, der ziemlich erzürnt war über Mrs McAtamneys mangelnde elterliche Fürsorge.

»Sie wollte nicht gehen. Sie wurde fürchterlich gemobbt. Draußen ging's ihr besser als drin.«

»Sie sagten, sie ist schon mal weggelaufen?«, fragte ich nach einem Blick in meine Notizen.

»Ach das? Vor anderthalb Jahren hat sie eine Brieftasche ›gefunden‹, ist nach Dublin abgehauen und hat sich ein Zimmer im Gresham Hotel genommen. Hat sich eine gute Zeit gemacht, bis das Geld alle war. Dann hat sie mich von einer Telefonzelle aus angerufen. Ich musste jemanden runterschicken, der sie holt.«

Ich notierte mir, das Gresham Hotel anzurufen und zu überprüfen, ob irgendwelche Straßenkinder eingecheckt hatten.

»Wenn Sie nach ihr suchen müssten, wo würden Sie als Erstes nachschauen?«, fragte ich.

»Im Tourist Inn gleich um die Ecke und bei Jordy. Sie hängt andauernd beim Tourist Inn und bei diesem Kerl herum. Aber ich habe beides kontrolliert, und da ist sie nicht.«

»Wir schauen noch mal nach«, sagte ich. »Haben Sie das Foto, das ich brauche?«

»Ja, hab ich, das hier war an Roberts sechzehntem Geburtstag«, sagte sie und reichte mir ein Polaroid. In dem schummrigen Wohnwagen konnte ich es mir nicht so gut anschauen, aber wenn es von halbwegs guter Qualität war, konnten wir es kopieren und auf Vermisstenplakate setzen. Ganz sicher würden wir es der britischen und irischen Polizei kabeln, und den Franzosen auch. Spanien noch dazu – warum nicht?

»Würden Sie bei einer Pressekonferenz auftreten?«, fragte ich.

»Im Fernsehen?«

»Ja.«

»Muss ich das?«

»Wir haben festgestellt, dass dies in Fällen von vermissten Personen wirkungsvoll ist.«

»Kann ich mir das überlegen?«

»Die Zeit spielt hier eine wichtige Rolle, Mrs McAtamney«, sagte ich streng.

»Kann ich Ihnen morgen Bescheid geben?«

»Worüber machen Sie sich Sorgen, wenn ich fragen darf?«

»Das möchte ich lieber nicht sagen.«

Ich sah sie an, dann Lawson, dann die Kinder. Ich konnte mir eine Reihe von Dingen vorstellen, warum sie nicht im Fernsehen erscheinen wollte, aber die sichere Rückkehr ihrer Tochter stand doch über alledem. Vielleicht war es nicht der richtige Zeitpunkt zu drängen.

»Also gut, ich rede später noch mal mit Ihnen darüber. Und wir bleiben in Kontakt, um Sie über die Entwicklungen zu informieren.«

Ich steckte das Foto in einen Asservatenbeutel und ging hinaus.

Mrs McAtamneys Kamerascheu machte mich neugierig, deshalb funkte ich kurz das Revier an, und natürlich hatte sie ein Vorstrafenregister so lang wie mein Arm. Raubüberfall, Hehlerei, Taschendiebstahl, Versicherungsbetrug. Keine Gewaltverbrechen, auch kein Sozialversicherungsbetrug, aber jede Menge kleiner Diebstähle. Zweifellos machte sie sich Sorgen, jemand könnte ihr Gesicht sehen und sich erinnern, dass sie bei einer Probefahrt mit dem Wagen abgehauen war, eine Brieftasche gestohlen hatte oder dergleichen. Doch ohne die tränenreiche Mutter bei der Pressekonferenz würde es nur noch schwerer werden, das vermisste Mädchen zu finden.

Wenn auch nicht unmöglich.

Nicht für so jemanden wie den brillanten Detective Sean Duffy. Richtig?

Ja, richtig.

Schließlich ging es um eine vermisste Person.

Ein vermisstes Travellermädchen: War das eine Angelegenheit, die mein Team und mich in körperliche Gefahr bringen würde?

Ja, wieder richtig.

In Ulster reicht alles immer weiter, als man sich das jemals vorstellen könnte.

FRANK O’CONNOR

Mein Ödipus-Komplex

Vater war während des ganzen Krieges Soldat, deshalb sah ich ihn bis zu meinem fünften Lebensjahr nur sehr selten. Wenn er auf Urlaub nach Hause kam, schien er nicht weiter zu stören. Manchmal wachte ich nachts auf und sah im Kerzenlicht, wie eine große Gestalt sich über mich beugte und mich betrachtete. Oder ich hörte morgens, wie die Haustür ins Schloss fiel und seine genagelten Stiefel über die Pflastersteine der Gasse lärmten und sich entfernten. Vater kam und ging so geheimnisvoll wie Sankt Nikolaus. Eigentlich mochte ich seine kurzen Besuche recht gern, obwohl es sehr ungemütlich eng zwischen ihm und Mutter war, wenn ich frühmorgens in das große Bett kletterte. Er rauchte, und darum roch er so schön, und er rasierte sich – ein Vorgang, den zu beobachten ich nie müde wurde.

Mein Leben mit Mutter allein war friedlich und angenehm. Das Fenster meiner Dachstube sah nach Südosten, deshalb wachte ich schon beim ersten Morgengrauen auf, und mein Kopf war sofort berstend voll von Plänen. Nie schien das Leben so einfach, so angefüllt mit tausend Möglichkeiten wie gerade dann. Ich zog meine beiden Füße unter der Bettdecke hervor – sie hießen ›Frau Links‹ und ›Frau Rechts‹ – und erfand dramatische Auftritte, in denen sie die Tagesprobleme besprachen. Meistens redete ›Frau Rechts‹; ›Frau Links‹ begnügte sich damit, kräftig zu nicken (weil ich sie nicht so gut unter Kontrolle hatte). Sie berieten, was Mutter und ich den Tag über tun sollten, was Sankt Nikolaus zu Weihnachten bringen würde oder was man zur Verschönerung des Heims tun konnte. Da war zum Beispiel die Sache mit dem Baby, über das ich immer verschiedener Meinung mit Mutter war. Unser Haus war das einzige in der kleinen Straße, in dem es kein Baby gab, und Mutter sagte, wir könnten uns keins leisten, weil Vater im Krieg sei, sie kosteten sechzehn Shilling sechs, und das käme zu teuer. Doch darüber konnte ›Frau Rechts‹ nur den Kopf schütteln, denn die Geneys am Ende der Gasse hatten ein Baby, und die hatten bestimmt nicht sechzehn Shilling sechs übrig.

Wenn ich so meine Pläne für die allernächste Zukunft festgelegt hatte, stand ich auf, rückte einen Stuhl unter das Mansardenfenster und schob es ein wenig hoch, so dass ich über die Dächer der Stadt schauen konnte. Danach ging ich ins Schlafzimmer meiner Mutter, kletterte zu ihr ins Bett und erzählte ihr meine Pläne. Inzwischen war ich vor Kälte fast zum Eiszapfen erstarrt. Sobald ich wieder aufgetaut war, schlief ich über meinem Geplauder ein und wachte erst auf, wenn Mutter unten in der Küche schon Feuer anzündete und das Frühstück zurechtmachte. Nachher gingen wir in die Stadt, kauften ein, beteten in der Kirche für Vater und machten am Nachmittag, wenn das Wetter schön war, Spaziergänge über Land. Abends im Bett betete ich wieder für Vater, damit er gesund aus dem Kriege käme. Ich ahnte ja nicht, was ich damit tat!

Eines Morgens, als ich in das große Bett stieg, war Vater wieder über Nacht wie ein Sankt Nikolaus erschienen. Aber anstatt dann seine Uniform anzulegen, zog er sich einen guten blauen Anzug an, und Mutter war schrecklich froh. Ich verstand gar nicht, warum sie so froh war, denn ohne seine Uniform sah er wie ein ganz gewöhnlicher Mann aus. Doch sie strahlte und sagte, dass unsere Gebete erhört worden seien.

Als er mittags nach Hause kam, zog er die Stiefel aus und die Pantoffeln an, schlug die Beine übereinander und sprach sehr ernst mit meiner Mutter, die ein besorgtes Gesicht machte. Natürlich gefiel mir das gar nicht, dass sie besorgt aussah, denn sie war dann nicht mehr so schön. Also unterbrach ich ihn.

»Warte, Larry«, sagte sie sanft.

Das sagte sie immer, wenn langweilige Besucher da waren, deshalb bekümmerte ich mich nicht groß darum und redete weiter.

»Larry«, sagte sie ärgerlich, »sei still, ich rede mit Pappi!«

Es war das erste Mal, dass ich diese schrecklichen Worte hörte: »Ich rede mit Pappi.«

»Warum redest du mit Pappi?«, fragte ich so gleichgültig ich nur konnte.

»Pappi und ich müssen etwas Geschäftliches besprechen. Störe uns jetzt nicht mehr!«

Ich fand, es sei höchste Zeit, mit Gegengebeten anzufangen, um Vater so schnell wie möglich wieder in den Krieg zu schicken.

Am Nachmittag ging er auf Mutters Bitte hin mit mir spazieren, und zwar, anstatt aufs Land, in die Stadt. In meiner gutgläubigen Art dachte ich, das sei entschieden ein Fortschritt. Aber ich merkte bald, dass Vater und ich verschiedener Ansicht waren darüber, was ein Spaziergang durch die Stadt bedeutete. Für ihn bedeutete es nicht, Straßenbahnen und Schiffe und Pferde anzuschauen, und wenn ich ihn zum Stehenbleiben bringen wollte, ging er einfach weiter und zog mich an der Hand nach.

Wenn er aber stehenblieb, dann dauerte es eine Ewigkeit, und immer sprach er mit seinen alten Freunden, die mich nicht im Geringsten interessierten. Es war, als ob man mit einem Berg spazieren ginge. Entweder achtete er überhaupt nicht auf mein Ziehen und Zerren, oder er sah wie von einem Kirchturm auf mich herunter und lachte. Noch nie war ich einem Menschen begegnet, der immer nur so an sich selbst dachte wie mein Vater.

Beim Nachmittagstee fing es wieder an, das ›Gerede mit Pappi‹. Doch war's nun noch komplizierter, weil Vater eine Zeitung hatte und sie alle fünf Minuten sinken ließ, um Mutter etwas daraus zu erzählen. Das war wirklich kein ehrlicher Wettbewerb um Mutters Aufmerksamkeit: *mir* hörte sie sonst genausogut zu – aber wenn man die Sachen fix und fertig aus einer Zeitung vorlas – was ich nicht konnte … Ich versuchte immer wieder, das Gespräch auf etwas anderes zu bringen, aber umsonst.

»Du musst still sein, wenn Vater liest, Larry«, sagte Mutter ungeduldig.

Entweder unterhielt sie sich wirklich lieber mit Vater als mit mir, oder er hatte irgendwie Macht über sie, und sie getraute sich nicht, zu tun, was sie gern wollte. Ich nahm an, dass es das Letztere war.

Und was dann am nächsten Morgen geschah, bestärkte noch meinen Verdacht. Ich wachte munter und vergnügt zur gleichen Zeit wie immer auf und hatte zuerst eine lange Unterhaltung mit meinen beiden Füßen. ›Frau Rechts‹ sprach von all dem Kummer, den sie mit ihrem Vater hatte, und ›Frau Links‹ bedauerte sie tüchtig. Dann holte ich meinen Stuhl und steckte den Kopf aus dem Mansardenfenster, wie ein Forschungsreisender, der zum ersten Mal das neu entdeckte Land erblickt. Ich platzte förmlich vor Ideen, ging ins Schlafzimmer nebenan und kletterte in das große Bett.

Ich hatte Vater vollkommen vergessen, und nun saß ich da und überlegte, was ich mit ihm anfangen sollte: er nahm noch mehr Platz als sonst ein, und ich hatte es gar nicht bequem. Ich knuffte ihn also ein paarmal, und er brummte und streckte sich und machte tatsächlich Platz. Ich kuschelte mich zufrieden in das warme Bett und rief laut: »Mammi …«

»Still, Kindchen«, flüsterte sie, »weck Pappi nicht auf!«

Das war ja etwas ganz Neues! Wenn ich morgens nicht mehr erzählen durfte, wie sollte ich denn da Ordnung schaffen in meinem Kopf?

»Warum?«, fragte ich.

»Pappi ist müde!«

Das ist doch kein Grund!, dachte ich und fuhr fort: »Mammi, weißt du, wohin ich heute mit dir gehen möchte?«

»Nein, Kind«, seufzte sie.

»Crowleys Gasse hinunter und ins Tal, und da fische ich dir Wasserläufer, und …«

»Weck Pappi nicht auf!«, zischte sie und legte mir die Hand auf den Mund.

Aber Pappi war wach, beinahe wenigstens. Er brummte, drehte sich um und sah auf seine Uhr. Er blinzelte ungläubig.

»Soll ich dir eine Tasse Tee bringen, Liebchen?«, fragte Mutter so zart und leise, wie ich sie noch nie hatte sprechen hören.

»Tee?«, rief Vater entrüstet, »du weißt wohl nicht, wie viel Uhr es ist? Fünf!«

»Mammi!«, rief ich.

»Geh sofort in dein Bett, Larry!«, sagte Mutter streng.

Ich fing an zu weinen, aber leise. Vater sagte gar nichts. Er zündete sich die Pfeife an, guckte ins halbdunkle Zimmer und beachtete uns nicht. Ich wusste, dass er wütend war. Und dabei war alles so ungerecht! Immer, wenn ich zu Mutter gesagt hatte, es sei unnötig, zwei Betten zu haben, und wir könnten die ganze Nacht in einem Bett schlafen, hatte sie geantwortet, dass es gesünder in zwei Betten sei. Und nun kam dieser Mann hier, dieser fremde Mensch, und schlief die ganze Nacht in ihrem Bett, ohne im Geringsten an die Gesundheit zu denken! Er stand auf, machte Tee und brachte Mutter eine Tasse. Mir nicht.

»Mammi«, rief ich, »ich möchte auch eine Tasse Tee!«

»Ja, Kind«, seufzte sie, »du kannst aus meiner Untertasse trinken.«

Ich wollte nicht aus ihrer Untertasse trinken. Ich wollte als Gleichberechtigter in meinem eigenen Heim behandelt werden und eine Tasse für mich allein haben. Also trank ich ihre Tasse aus und ließ ihr gar nichts übrig.

Als sie mich am Abend zu Bett brachte, bat sie mich freundlich, ihr etwas zu versprechen.

»Was?«, sagte ich.

»Deinen Vater nicht schon am frühen Morgen zu stören.«

»Warum?«, fragte ich, denn mir schien alles verdächtig, was mit diesem unmöglichen Menschen zusammenhing.

»Weil Vater Sorgen hat.«

»Warum?«

»Ach, du weißt doch, als Vater im Krieg war, bekamen wir Geld von der Post, und jetzt gibt's dort keins mehr, und Vater muss suchen, ob er anderswo Geld findet, sonst müssen wir betteln gehen wie die arme Frau, die freitags immer das Geldstück bekommt. Und das möchtest du doch wohl nicht?«

Nein, das mochte ich nicht. Wenn der Mann Geld suchen musste, so war's eine ernste Angelegenheit. Ich fasste also die besten Vorsätze. Mutter legte all meine Spielsachen rings um mein Bett, und als ich aufwachte, sah ich sie, und mein Versprechen fiel mir ein, und ich spielte – stundenlang, wie es mir schien. Dann holte ich den Stuhl und sah aus dem Mansardenfenster, auch stundenlang. Es war langweilig, und es war kalt. Schließlich konnte ich es nicht länger aushalten und ging ins andere Zimmer.

Meine Mutter wachte erschrocken auf: »Larry, du musst entweder ganz still sein oder wieder in dein Bett gehen!«

»Mammi, ich finde es gesünder, wenn Vater auch ein eigenes Bett zum Schlafen hat!«

Das schien sie stutzig zu machen, aber sie antwortete nicht.

Zornig gab ich Vater, ohne dass sie es merkte, einen Knuff. Er stöhnte und riss entsetzt die Augen auf: »Was ist? Wie viel Uhr?«

»Es ist nur das Kind«, sagte sie beruhigend. »Siehst du, Larry, du musst jetzt wieder in dein Bett gehen!«

Als sie mich auf den Arm nehmen wollte, schrie und strampelte ich. Vater fing an zu schimpfen: »Das verdammte Kind! Schläft wohl überhaupt nie?«

»Es ist ja nur eine Angewohnheit, Liebchen«, sagte sie.

»Höchste Zeit, dass er sie aufgibt!«, schrie Vater und sah uns mit bösen schwarzen Augen an. Ich machte mich frei, rannte in eine Ecke und heulte laut.

»Halt den Mund, du Strick!«, rief Vater zornig.

So hatte noch nie jemand mit mir gesprochen. Da hatte ich also immer für ihn gebetet, und dabei war er mein schlimmster Feind. »Halt du selber den Mund!« schrie ich.

»Was?«, rief Vater und sprang aus dem Bett.

»Michael«, rief Mutter, »ich bitte dich, das Kind ist noch nicht an dich gewöhnt!«

»Er muss Prügel bekommen«, rief Vater.

»Selber, selber, selber!«, schrie ich ganz verzweifelt.

Da verlor er die Geduld und schlug mich. Gar nicht schlimm – aber die Ungerechtigkeit, von einem Fremden geschlagen zu werden, der sich in unser Heim und in Mutters Bett geschlichen hatte, machte mich vollkommen verrückt. Er sah mich an wie ein Riese, der mich ermorden wollte. Auf einmal begriff ich, dass er neidisch auf mich war.

Von dem Tag an war das Leben die reinste Hölle. Vater und ich verkehrten kühl und höflich miteinander. Ich konnte immer noch nicht verstehen, weshalb Mutter ihn so gern hatte. Er war in jeder Beziehung weniger nett als ich. Oft benützte er hässliche Wörter, und seinen Tee trank er auch nicht immer leise. Eine Weile glaubte ich, ihre Liebe zu ihm käme daher, weil sie sich für Zeitungen interessierte. Also dachte ich mir auch Neuigkeiten aus und tat so, als läse ich sie ihr vor. Aber es machte ihr nicht viel Eindruck. Ich steckte mir seine Pfeife in den Mund und wanderte so durchs Haus. Ich schlürfte sogar beim Teetrinken, aber sie verbot es mir nur. Der einzige Ausweg schien der zu sein, recht schnell zu wachsen und sie ihm dann wegzunehmen.

Eines Abends, als er besonders abscheulich war, immerzu mit ihr sprach und mich nicht beachtete, unterbrach ich ihn ganz ruhig:

»Mammi, wenn ich groß bin, heirate ich dich!«

»Ja, mein Herzchen«, antwortete sie freundlich. Aber Vater legte die Zeitung hin und lachte laut heraus.

»Ja«, sagte ich voll Verachtung, »und Kinder werden wir auch haben.«

»Weißt du, Larry«, sagte sie, »vielleicht werden wir schon ganz bald eins haben, dann hast du einen Spielkameraden.«

Darüber freute ich mich mächtig, obwohl eigentlich kein Grund dazu vorhanden war, wie sich allmählich herausstellte. Mutter war oft bedrückt, vermutlich, weil sie die sechzehn Shilling sechs für das Baby auftreiben musste. Mit den Spaziergängen hörte es ganz auf. Sie wurde schrecklich nervös und gab mir Klapse für rein gar nichts. Oft dachte ich: Hätte ich sie doch nie auf die Idee mit dem Baby gebracht!

Und dann war es da – und ich konnte es von Anfang an nicht leiden. Ein schwieriges Kind, das dauernd alle Aufmerksamkeit beanspruchte. Mutter tat sehr töricht mit ihm. Sie merkte nie, dass es nur Theater machte. Und als Spielkamerad war es natürlich hoffnungslos.

Jetzt hieß es nicht mehr: »Wecke Vater nicht auf!«, sondern: »Wecke Brüderchen nicht auf!«

Als Vater eines Abends von der Arbeit nach Hause kam, spielte ich im Garten Eisenbahn. Ich drehte mich nicht um. Ich sagte nur laut vor mich hin: »Wenn mir noch ein verdammtes Baby ins Haus kommt, dann gehe ich weg!« Ich duckte mich und dachte, nun würde Vater mir eine Ohrfeige geben. Aber er stand lange still und sagte gar nichts, und dann ging er ins Haus. Von dem Augenblick an verstanden Vater und ich uns anscheinend etwas besser.

Mutter war nämlich furchtbar in ihrem Getue mit dem Baby. Sogar während der Mahlzeiten stand sie auf, schaute in seine Wiege, lächelte es wie verrückt an und bat Vater, auch zu kommen. Vater hob den Kopf ein wenig und sah unsicher hin, als verstünde er nicht, was die Frau wollte. Wenn er sich beklagte, dass das Baby die ganze Nacht brüllte, wurde Mutter ärgerlich und sagte, dass es niemals weine, nur wenn ihm etwas fehle. Das bewies, wie töricht die gute Frau war, denn dem Baby fehlte nie etwas, es tat sich bloß wichtig. Da war Vater doch klüger – wenn er auch nicht hübsch war. Er durchschaute das Baby ohne Weiteres.

Und eines Nachts wachte ich dann auf und spürte etwas Warmes neben mir im Bett. Ich bekam Herzklopfen vor Freude, weil ich dachte, es sei Mutter. Da hörte ich, wie das Baby nebenan jammerte, und wie Mutter leise zu ihm sagte: »Ja, ja, ja, mein Babylein!«

Sie war es also nicht. Sondern Vater. Er lag neben mir, atmete laut und war hellwach. Anscheinend war er teufelswild. Allmählich begriff ich, warum. Jetzt war *er* an der Reihe. Erst hatte er mich aus dem großen Bett verjagt, und nun war er selbst weggejagt worden. Mutter bekümmerte sich um niemanden mehr als um das ekelhafte Baby, und Vater und ich, wir mussten darunter leiden. Ich war schon mit fünf Jahren sehr großherzig: Rachsucht lag mir einfach nicht. Also streichelte ich ihn leise und sagte wie Mammi: »Ja, ja, ja, Pappi!«

Er war nicht gerade dankbar. »Hallo?«, rief er scharf. »Bist du denn wach?«

»Nimm mich in den Arm!«, bat ich, und er tat es, so gut er's konnte. Er war nichts als Knochen, der Mann, aber immerhin war es besser als gar nichts. Ich kuschelte mich an ihn und schlief ein.

Zu Weihnachten strengte er sich mächtig an und kaufte mir eine phantastisch schöne Eisenbahn. Denn seit jener Nacht war's mit den bitteren Gefühlen zwischen uns vorbei.

DAVID VAN REYBROUCK

Ode an die Toten in meinem Telefon

Ich sitze in einem Café in Tokio und trinke dicken grünen Tee. Ich überfliege noch einmal meine Interviewnotizen und plane die folgenden Tage. Freunden, die Stunden eher leben, schicke ich Nachrichten. Plötzlich stockt meine Hand. Plötzlich ist da der Name eines Freundes, der Jahre eher lebte.

Jeden Tag trage ich einen Friedhof mit mir herum, einen frischen, gepflegten Friedhof. Viele Tote liegen dort noch nicht. Mehr Blumenrabatten als Grabsteine momentan, mehr Gras als Asche. Aber auf dem Totenacker meines Adressbuchs begegne ich ihnen immer öfter. Ich suche nach einem Lebenden und mein Telefon schlägt mir einen Toten vor. Ich scrolle durch den Buchstaben G und stoße plötzlich wieder auf Gerrit. Der zerknitterte Kopf, die Ländervorwahl von Portugal. Ach, Gerrit, das ist lange her! Komm, ich schicke dir mal eine SMS. Wie lange liegst du hier schon?

Was passiert mit unseren Telefonnummern, E-Mail-Adressen und Facebook-Profilen, nachdem wir gestorben sind? Empfängt mein toter Körper noch immer Fashion-Inspirations von Zalando? Sind Galerien weiterhin der Ansicht, ich müsse zu ihrer Vernissage kommen? Kriege ich noch immer nigerianische Erbschaften in den Schoß geworfen?

»Hilde hat diese Gruppe verlassen.«

Ich scrolle weiter. Der eine Tote erweckt den anderen wieder zum Leben. Ach, Tsjêbbe, lieber Freund. Noch immer runzelt der Strand die Brauen, wenn er an dich denkt. Noch immer flucht das Watt. Die Dünen schütteln den Kopf und knirschen mit den Zähnen. Deine gesammelten Werke werden demnächst erscheinen. Weißt du noch, dass wir uns in Brüssel darüber unterhalten haben? Du hast in meiner Küche gesessen und Muscheln gegessen. Du hättest noch nie Muscheln gegessen, sagtest du, aber deine Finger fanden den Weg. So wie deine Gedichte.

Tokio ist plötzlich so weit weg. Ich sehne mich nach Friesland und früher und Räucheraal.

Meine liebsten Toten liegen hier nicht. 1998, als ich auf einen Schlag fünf Freunde verlor, hatte noch niemand ein Handy. Und meinem Vater reichte bis weit ins 21. Jahrhundert unser Festnetzanschluss. Doch jene Nummer, die Nummer, mit der ich zusammengewachsen war wie mit meinem Geburtstag, (050) 35 58 07, existiert auch nicht mehr. Sogar meine Mutter hat sich umgestellt auf die Welt von Providern und Mobilfunknetzen.

Und so scrolle ich zwischen vielen Lebenden und einigen Toten. Auch dieser kleine digitale Friedhof wird sich langsam füllen, bis niemand übrig bleibt. Ein bisschen so, wie hier in Japan fast niemand mehr lebt, der den Krieg in Indonesien mitgemacht hat. Ich spüre sie auf, besuche sie. Sie sind alle mindestens siebenundneunzig Jahre alt.

Ich stecke das Telefon weg. Mein Tee ist kalt geworden.

Ich kann sie einfach nicht löschen. Warum sollte ich?

Tauch wieder auf, würde ich ihnen gern sagen. Komm ab

und zu wieder vorbei. Schneide dir die Krankheit aus dem Körper. Wirf doch die Leine wieder los. Huste dich zurück ins Leben. Sei ab und zu hier.

BANANA YOSHIMOTO

Moonlight Shadow

Hitoshi hatte das Glöckchen an der Hülle seiner Monatskarte angebracht und trug es immer bei sich.

Es war ein Geschenk von mir aus der Zeit, als wir noch nicht verliebt waren. Damals hatte ich mir nichts Besonderes dabei gedacht, und dennoch sollte es ihn bis zu seinem Ende begleiten.

Wir lernten uns in der Oberstufe des Gymnasiums kennen. Hitoshi ging in eine Parallelklasse und gehörte wie ich dem Team an, das für die Planung des Schulausflugs zuständig war. Allerdings hatte jede Klasse ihr eigenes Programm, und so kam es, dass wir nur auf der Hinfahrt im selben Zug saßen. Am Ziel angekommen, schüttelten wir uns auf dem Bahnsteig ausgelassen die Hand, obwohl wir eigentlich traurig waren, dass unsere Wege sich trennten. Da fiel mir das Glöckchen ein. Es hatte sich vom Halsband unserer Katze gelöst, und ich hatte es achtlos in die Tasche meiner Schuluniform gesteckt. »Hier, zum Abschied«, sagte ich und streckte ihm das Glöckchen hin. »Was ist das denn?«, sagte er lachend und wickelte es in sein Taschentuch. Nicht lieblos, sondern so, als sei es etwas überaus Wertvolles. Da das für einen Jungen seines Alters recht ungewöhnlich war, hat es mich ziemlich erstaunt.

Aber so ist das wohl mit der Liebe.

Mag sein, dass das Glöckchen für ihn etwas Besonderes war, weil er es von mir bekommen hatte. Aber es wäre ihm auch sonst nie eingefallen, Geschenke grob zu behandeln. Dafür war er zu gut erzogen. Jedenfalls gefiel mir seine spontane Reaktion sehr.

Durch das Glöckchen waren unsere Gefühle verbunden.

Während des ganzen Ausflugs stand es im Mittelpunkt unseres Denkens. Wenn er sein Klingeln hörte, dachte Hitoshi an mich und an die gemeinsame Zeit vor dem Ausflug, und auch meine Gedanken wanderten zu dem Glöckchen in der Ferne und zu dem, der es bei sich trug. Nach unserer Rückkehr wurde daraus richtige Liebe.

Von da an begleitete uns das Glöckchen vier Jahre lang durch Tage und Nächte; es war bei uns, was immer geschah. Beim ersten Kuss, beim ersten großen Streit. An schönen Tagen, bei Regen und Schnee, in der allerersten Nacht, wenn wir lachten und weinten, wenn wir unsere Lieblingsplatten hörten, und wenn wir vor dem Fernseher saßen. Und immer wenn Hitoshi seine Monatskarte, die er gleichzeitig als Portemonnaie benutzte, aus der Tasche zog, war das helle, klare Klingeln zu hören. Ein zarter, lieber Ton, der einem nicht mehr aus dem Ohr ging.

Wenn ich jetzt sage, ich hätte schon damals etwas geahnt, wird man das sicher als typisch mädchenhafte Sentimentalität abtun. Und doch ist es wahr: Schon damals habe ich etwas gespürt.

Manchmal, wenn ich Hitoshi ansah, bekam ich das Gefühl, als sei er gar nicht da. Es war wirklich seltsam. Wenn er schlief, konnte ich es nicht lassen, von Zeit zu Zeit mein Ohr an sein Herz zu legen. Wenn er lachte, lag auf seinem

Gesicht ein so heller Glanz, dass ich meinen Blick nicht mehr abwenden konnte. Seine Gesichtszüge wirkten dann immer ganz transparent. Daher sieht er wohl so zerbrechlich aus, sagte ich mir damals. Das Ganze wäre noch viel schmerzlicher gewesen, wenn ich mir gesagt hätte, dass das eine Vorahnung war.

Als ich dann mit zwanzig Jahren zum ersten Mal in meinem Leben einen Menschen verlor, den ich wie keinen anderen geliebt hatte, brach die Welt für mich zusammen. Schon allein das Atmen fiel mir schwer. Seit der Nacht, in der Hitoshi starb, war mir, als sei mein Herz in eine andere Welt geflohen, aus der es nicht mehr zurückfand. Es schien mir absolut unmöglich, die Dinge mit den gleichen Augen zu sehen wie zuvor. Aufgewühlt und unfähig zu denken, trieb ich ziellos, haltlos dahin. Ich war verbittert, dass ich eine jener Erfahrungen gemacht hatte, die vielen Menschen das ganze Leben erspart bleiben: auch eine Abtreibung gehört dazu, ein Job in einer Bar oder eine schwere Krankheit.

Ich weiß, wir waren beide noch jung, und vielleicht hätte unsere Liebe nicht ein Leben lang gedauert. Dennoch hat uns sehr viel verbunden. Es waren Erfahrungen, wie sie sich langsam sammeln, wenn zwei Menschen eine tiefe Beziehung aufbauen. Vier Jahre lang sind wir uns so Schritt für Schritt nähergekommen.

Jetzt, da alles vorüber ist, kann ich es herausschreien:

Dieser niederträchtige und gemeine Gott! Ich habe Hitoshi mehr geliebt als mein eigenes Leben.

Zwei Monate nach Hitoshis Tod stand ich Tag für Tag an der Brücke über dem Fluss. Ans Geländer gelehnt, trank ich aus meiner Thermosflasche heißen Tee. Ich hatte angefangen zu joggen, weil ich so schlecht schlief, und die Brücke war der Punkt, an dem ich umkehrte.

Nichts fürchtete ich mehr als den Schlaf in der Nacht. Noch schlimmer aber war der Schock, wenn ich am frühen Morgen die Augen aufschlug. Ich hatte Angst vor dem Moment, in dem ich in der Dunkelheit aufwachte und plötzlich wusste, wo ich war. All meine Träume hatten mit Hitoshi zu tun. Wenn ich aus meinem qualvollen, leichten Schlaf aufschreckte, in dem ich Hitoshi dauernd traf und wieder verlor, kam mir jedes Mal zu Bewusstsein, dass alles nur ein Traum gewesen war, dass ich Hitoshi in Wirklichkeit nie wiedersehen würde. Es ging so weit, dass ich mich im Schlaf bemühte, nicht aufzuwachen. Wie oft fuhr ich in der kalten Morgendämmerung hoch, aufgewühlt und schweißgebadet, mit einem Gefühl, als müsste ich mich erbrechen, so trostlos war alles. Auf der anderen Seite des Vorhangs begann es hell zu werden, und mir war, als würde ich hineingeworfen in eine blasse, lautlose Zeit, die tief Atem holte. Das Gefühl von Kälte und Trauer ließ mich denken, wie viel besser es doch wäre, weiter in meinen Träumen zu sein. Es waren einsame Stunden, in denen ich keinen Schlaf mehr fand und die mich mit den nachhallenden Traumbildern quälten. Immer zur gleichen Zeit wachte ich auf. Die Erschöpfung, weil ich kaum richtig geschlafen hatte, und die Angst vor der dem Wahnsinn nahen Einsamkeit, in der ich auf das erste Licht des Morgens wartete, brachten mich schließlich auf die Idee, es mit dem Laufen zu versuchen.

Ich kaufte mir zwei teure Trainingsanzüge, Joggingschuhe und sogar eine schicke kleine Thermosflasche. Ich schämte mich zwar etwas, so großen Wert auf Äußerlichkeiten zu legen, aber ich dachte, so würde mir der Einstieg leichter fallen.

Gleich zu Beginn der Frühjahrsferien fing ich an. Meine Route führte immer genau bis zur Brücke. Wenn ich wieder zu Hause war, wusch ich mein Handtuch und den Anzug, den ich getragen hatte, gab die Sachen in den Trockner und half meiner Mutter bei der Zubereitung des Frühstücks. Dann legte ich mich noch ein bisschen hin. So begann mein Tag. Abends traf ich Freunde oder sah Videos an, ständig bemüht, jedes Gefühl von Langeweile fernzuhalten. Allerdings gelang mir das nicht immer, denn eigentlich gab es nichts, was mir wirklich Spaß machte. Ich wollte mit Hitoshi zusammen sein. Das war alles. Doch irgendwie hatte ich das Gefühl, meinen Körper und mein Denken weiter in Bewegung halten zu müssen. Ich glaubte fest daran, irgendwann einen Punkt zu erreichen, an dem ich aus der ganzen Sache ausbrechen konnte. Ich musste versuchen, so lange durchzuhalten, auch wenn es keine Garantie gab, dass es diesen Punkt tatsächlich gab. So hatte ich es auch gehalten, als unser Hund gestorben war und unser Vogel. Doch diesmal schien es nicht zu funktionieren. Ohne jeden Schimmer von Hoffnung welkten die Tage dahin. Und trotzdem sagte ich mir, als spräche ich ein Gebet: Du schaffst es. Irgendwann schaffst du es, hier herauszukommen. Es ist nur eine Frage der Zeit.

Der Fluss, an dem ich umkehrte, war ziemlich breit. Er floss mitten durch die Stadt und teilte sie in zwei gleich große Hälften. Bis zu der weißen Brücke, die sich über ihn wölbte, lief ich etwa zwanzig Minuten. Ich mochte diese Brücke. Es war der Ort, an dem ich mich immer mit Hitoshi verabredet hatte, der auf der anderen Seite des Flusses wohnte, und ich mochte sie auch jetzt noch, da Hitoshi gestorben war.

Wenn ich auf der menschenleeren Brücke eine Pause machte, stand ich über dem Tosen des Wassers und trank Schluck für Schluck meinen heißen Tee. Das weiße Ufer erstreckte sich bis weit in die Ferne, wo es sich allmählich verlor, und die Stadt lag eingehüllt in den bläulichen Schleier der Dämmerung. In der klaren, eiskalten Luft spürte ich, dass ich dem Tod ein klein wenig näher war, und tatsächlich gelang es mir nur in dieser strengen und durchsichtigen, unsäglich traurigen Umgebung, frei zu atmen. Es mag wie Masochismus klingen, doch ohne dieses allmorgendliche Ritual hätte ich unmöglich die Kraft gehabt, den Rest des Tages zu überstehen. Es waren Momente, auf die ich nicht verzichten konnte.

Auch an jenem Morgen war ich wie immer aus einem bösen Traum hochgeschreckt. Es war halb sechs. Die Farbe der Dämmerung ließ auf heiteres Wetter schließen. Ich zog mich an und lief los. Draußen war es noch dunkel, und kein Mensch war zu sehen. Die Luft war eisig kalt, und die Straßen lagen verlassen in blassem Weiß. Gegen Osten ging der lasurblaue Himmel in eine rötliche Färbung über, die Stufe um Stufe heller wurde.

Ich bemühte mich, so unbekümmert zu laufen wie möglich. Wenn mir das Atmen schwer wurde, kamen Gedanken auf, ob ich mit all dem Laufen nicht meinen Körper quälte, der doch so wenig Schlaf bekam. Dann sagte ich mir in meinem müden Kopf, dass ich mich noch einmal hinlegen konnte, wenn ich wieder zu Hause war. So lief ich weiter durch die Straßen, die so still waren, dass es mir schwerfiel, ein klares Bewusstsein zu behalten.

Langsam näherte sich das Rauschen des Flusses, und mit jedem meiner Schritte veränderte der Himmel seine Farbe. Ein herrlicher, heiterer Morgen war dabei, aus dem transparenten Blau der Nacht herauszutreten.

An der Brücke angekommen, lehnte ich mich wie gewohnt ans Geländer und blickte auf die Stadt, die dalag, als sei sie herabgesunken auf den Grund der bläulichen Luft. Ein lautes Tosen drang vom Fluss herauf, der, weißen Schaum aufwirbelnd, alles mit sich riss. Ein frischer Wind kühlte mir das Gesicht, und ich spürte, wie der Schweiß auf meiner Stirn zu trocknen begann. Am immer noch kalten Märzhimmel leuchtete klar der Halbmond. Mein Atem dampfte. Ich schraubte den Becher meiner Thermosflasche ab und goss mir heißen Tee ein.

»Was für Tee trinkst du da?«, sagte plötzlich eine Stimme hinter mir. »Willst du mir nicht was abgeben?«

Ich erschrak. Ich erschrak so sehr, dass mir die Flasche in den Fluss fiel. Nur den Becher mit dem dampfend heißen Tee hielt ich noch in der Hand.

Tausend Gedanken schossen mir durch den Kopf, als ich mich zu der Stimme umwandte; ich blickte in das fröhliche Gesicht einer Frau. Ich erkannte sofort, dass sie älter war als ich, obwohl es mir schwerfiel, ihr genaues Alter zu schätzen. Vielleicht fünfundzwanzig …? Sie hatte kurze Haare, und ihre Augen waren groß und klar. Unter ihrem weißen Mantel trug sie nur ein dünnes Kleid, doch es sah nicht so aus, als ob sie fror. Wie lange, fragte ich mich, stand sie wohl schon da.

»Das war ja eben wie in Grimms Märchen – oder ist das von Äsop?«, sagte sie und lachte. »Ich meine die Fabel mit dem Hund.«

»Nur dass da der Hund alleine schuld war«, erwiderte ich kühl. »Er hat den Knochen fallen lassen, als er sein Spiegelbild im Wasser sah.«

»Keine Angst, ich kauf dir eine neue Flasche«, sagte die Frau und lächelte.

»Das ist nett«, sagte ich und musste unwillkürlich zurücklächeln.

So unbekümmert, wie die Frau sprach, fiel es mir schwer, böse auf sie zu sein. Außerdem sagte ich mir, dass alles gar nicht so schlimm war. Jedenfalls sah sie nicht so aus, als sei sie nicht ganz richtig im Kopf oder auch nur nach einer feuchtfröhlichen Nacht auf dem Heimweg. Dafür hatte sie viel zu wache und kluge Augen. Mit ihrem ernsten Gesicht machte sie sogar den Eindruck, als stehe sie über allem Leid und aller Freude dieser Welt. Das war wohl auch der Grund, dass die Atmosphäre, die sie umgab, wie mit starker Spannung geladen wirkte.

Ich nahm einen Schluck Tee.

»Der Rest ist für dich«, sagte ich und streckte meine Hand aus. »Das ist *Pu-erh*-Tee.«

»Ah, den mag ich«, sagte sie und nahm mit ihrer schmalen Hand den Becher entgegen. »Ich bin gerade hier angekommen, von ziemlich weit her«, fuhr sie fort, während sie auf den Fluss blickte. In ihren Augen lag ein intensives Leuchten, wie es bei Reisenden häufig zu finden ist.

»Auf Urlaubsreise?«, fragte ich und überlegte zugleich, was sie in diese Gegend gebracht haben konnte, in der es doch gar nichts zu sehen gab.

»Ja, etwas in der Art«, sagte sie. »Du weißt es vielleicht nicht, aber an diesem Ort wird bald ein Ereignis stattfinden, das man nur alle hundert Jahre erlebt.«

»Ein Ereignis?«, fragte ich.

»Ja, wenn alle Voraussetzungen stimmen.«

»Was meinst du damit?«

»Das muss vorläufig geheim bleiben. Später werd ich's dir schon sagen. Als Dank für deinen Tee.« Sie lachte, und irgendwie fand ich es unangebracht weiterzufragen. Von überallher war zu spüren, dass der Morgen nahte. Mehr und mehr Licht mischte sich in den bläulichen Himmel, und ein leichter weißer Schimmer erfüllte die Luft.

Ich wollte wieder los und sagte: »Also, dann«, worauf mich die Frau mit ihren hellen Augen ansah und meinte:

»Ich heiße Urara. Und du?«

»Satsuki.«

»Wir sehen uns bald wieder«, sagte sie und winkte mir zum Abschied zu.

Auch ich winkte, bevor ich loslief. Was für eine merkwürdige Frau, dachte ich. Ich hatte von dem, was sie gesagt hatte, kaum etwas verstanden. Sicher war nur, dass sie kein normales Leben führte. Mit jedem Schritt kam mir die Sache seltsamer vor, und als ich mich verunsichert nach ihr umwandte, sah ich sie noch immer an der Brücke stehen und auf den Fluss blicken. Ich erschrak, wie verändert sie plötzlich aussah. Noch nie hatte ich einen Menschen mit einem so ernsten Blick gesehen.

Als sie merkte, dass ich stehen geblieben war, lächelte sie mir zu und winkte. Auch ich hob rasch die Hand. Dann rannte ich wieder los.

Was für ein Mensch sie wohl war, überlegte ich. Es war Morgen geworden. In meinem noch immer müden Kopf lebte einzig das Bild dieser seltsamen Frau. Es leuchtete wie von gleißendem Sonnenlicht beschienen.

Hitoshi hatte einen höchst eigentümlichen Bruder. Seine Art zu denken und die Dinge anzugehen, war irgendwie anders. Von Anfang an dachte ich, er sei in einer anderen Dimension geboren, aus der er irgendwann in sein jetziges Leben hineinkatapultiert worden war. Er hieß Hiiragi. Diesen Monat war er achtzehn geworden.

Wir hatten uns in einem Café in der vierten Etage eines Kaufhauses verabredet. Hiiragi war direkt von der Schule gekommen und trug eine Mädchenuniform. Zuerst war mir das peinlich, aber da er hereingekommen war, als sei es für einen Jungen das Selbstverständlichste auf der Welt, in Mädchenkleidern durch die Gegend zu gehen, beruhigte ich mich. Er nahm mir gegenüber Platz, atmete ein paarmal tief durch und fragte dann: »Hast du gewartet?« Als ich den Kopf schüttelte, erschien auf seinem Gesicht ein fröhliches Lächeln. Die Kellnerin musterte ihn von oben bis unten und sagte, nachdem sie seine Bestellung aufgenommen hatte, nur kurz »Jawohl«.

Rein äußerlich glich Hiiragi seinem Bruder kaum, doch seine Finger und der Gesichtsausdruck in bestimmten Situationen hatten mich schon immer so sehr an Hitoshi erinnert, dass mir manchmal fast das Herz stehenblieb.

Als ich auch jetzt verwundert aufseufzte, sah mich Hiiragi, die Tasse in der Hand, nicht weniger verwundert an und fragte: »Was hast du denn?«

»Die … diese Ähnlichkeit!«, stammelte ich.

»Das mache ich doch absichtlich so«, meinte Hiiragi und fing an, seinen Bruder möglichst perfekt nachzuahmen.

Schließlich mussten wir beide lachen. Dieses Herumalbern war das einzige Mittel, um den brennenden Schmerz in unserem Herzen ein wenig zu lindern.

Ich hatte meinen Freund verloren, Hiiragi Bruder und Freundin zugleich. Seine Freundin Yumiko war ein hübsches Mädchen gewesen, recht klein und genau in Hiiragis Alter. Sie spielte hervorragend Tennis. Da wir altersmäßig nicht so weit auseinander waren, verstanden wir uns ziemlich gut und gingen oft zusammen aus. Wenn ich zu Hitoshi kam, waren oft auch Yumiko und Hiiragi da, und so geschah es bisweilen, dass wir bis spät in die Nacht aufblieben, um uns zusammen mit irgendeinem Gesellschaftsspiel die Zeit zu vertreiben.

An dem Abend, als der Unfall geschah, hatte Hitoshi seinen Bruder und Yumiko mit dem Wagen zum Bahnhof fahren wollen. Hiiragi war unverletzt geblieben.

Und das, obwohl die beiden anderen auf der Stelle tot waren.

»Joggst du noch immer?«, fragte Hiiragi.

»Ja«, sagte ich.

»Sieht aber aus, als hättest du zugenommen.«

»Klar, weil ich sonst den ganzen Tag nur faul herumliege.«

Ich musste plötzlich lachen. Eigentlich hätte es ja jedem

auffallen müssen, dass ich in der letzten Zeit deutlich abgenommen hatte.

»Da sieht man's mal wieder: Wer Sport treibt, lebt nicht unbedingt gesund. Ach übrigens, ganz in der Nähe hat kürzlich ein Restaurant aufgemacht. Dort gibt's ein phantastisches *kakiage-don.* Mit viel Kalorien und so. Da gehen wir jetzt hin, und zwar sofort!«

So verschieden Hitoshi und Hiiragi auch waren, das freundliche Wesen, das beiden gemeinsam war, zeichnete sich durch eine Natürlichkeit und Aufrichtigkeit aus, wie man sie selten fand. Man sah daran, wie gut ihre Erziehung war. Es war jene Freundlichkeit, mit der Hitoshi damals mein Glöckchen in sein Taschentuch gewickelt hatte.

»Okay. Gute Idee«, sagte ich.

Die Schuluniform, die Hiiragi trug, war ein Erinnerungsstück an Yumiko.

Seit dem Tod seiner Freundin ging er immer in dieser Aufmachung zur Schule, obwohl man dort gar keine Uniform tragen musste. Yumiko hatte ihre Uniform über alles geliebt. Hiiragis und auch Yumikos Eltern hatten ihn wiederholt unter Tränen beschworen, er solle doch aufhören, einen Mädchenrock zu tragen. Auch Yumiko wäre ganz bestimmt nicht froh darüber gewesen, hielten sie ihm vor. Hiiragi aber lachte nur und ging weiter in seinen Mädchenkleidern zur Schule. Als ich ihn einmal fragte, ob das nicht bloß reine Sentimentalität sei, antwortete er: »Nein. Wer einmal tot ist, kommt nicht mehr zurück.« Für ihn waren die Kleider nichts als – Kleider. Er fühlte sich einfach wohl, wenn er sie trug.

Auf meine Frage, wie lange er die Sachen denn noch

tragen wolle, meinte er nur: »Das weiß ich nicht«, und sah mich verwundert an.

»Aber sagen deine Mitschüler denn nichts?«, fragte ich weiter. »Redet man in der Schule denn nicht über dich?«

»Nein, im Gegenteil«, sagte er. »Alle bringen mir viel Sympathie entgegen. Besonders die Mädchen. Die denken wohl, wer einen Rock anhat, versteht die Gefühle einer Frau viel besser.«

»Wie gut für dich«, sagte ich und lachte. Auf der anderen Seite der Glaswand sah man die Kunden in ihren hellen Frühjahrskleidern zwischen den Verkaufsständen hin und her wandern. Das nachmittägliche Kaufhaus schien von oben bis unten angefüllt mit Glück.

Gerade war mir etwas klargeworden: Was für Hiiragi die Mädchenkleider waren, war für mich das Jogging. Beides übte die gleiche Funktion aus. Für mich, die ich nicht so exzentrisch war wie er, genügte es, morgens durch die Stadt zu laufen. Etwas derart Gewöhnliches aber hätte bei weitem nicht ausgereicht, um ihn über Wasser zu halten, und so entschied er sich, als Variation sozusagen, für die Mädchenuniform. Beides war nichts als ein Mittel, um neue Kraft in zwei müde gewordene Herzen zu bringen und den Geist abzulenken, um Zeit zu gewinnen.

In den letzten beiden Monaten hatten sich Hiiragis und meine Gesichtszüge stark verändert. Sie spiegelten den verzweifelten Kampf wider, nicht an das zu denken, was wir verloren hatten. Wenn die Erinnerung plötzlich doch zurückkehrte und man sich im tiefen Dunkel von so viel Einsamkeit umgeben sah, nahm das Gesicht unweigerlich diesen Ausdruck an.

»Ich ruf am besten zu Hause an, dass ich auswärts esse«, sagte ich und stand auf. »Wie ist's mit dir? Musst du nicht daheim essen?«

»Mein Vater kommt heute nicht nach Haus. Er ist auf einer Dienstreise.«

»Dann ist deine Mutter also allein. Vielleicht solltest du doch lieber nach Hause gehen.«

»Nein. Ich lass ihr was bringen. Es ist früh, und sie hat bestimmt noch nicht gekocht. Die wird überrascht sein, wenn ihr Sohn ihr plötzlich ein Abendessen spendiert.«

»Richtig niedlich, die Idee«, sagte ich.

»Ja«, meinte Hiiragi und lachte. »Da wird man auf einmal ganz munter.«

In Situationen wie diesen nahm sein Gesicht, das sonst immer so erwachsen wirkte, plötzlich einen jungenhaften Ausdruck an.

An einem Wintertag hatte Hitoshi einmal zu mir gesagt: »Ich hab einen jüngeren Bruder. Er heißt Hiiragi.« Es war das erste Mal, dass er von seinem Bruder sprach. Wir stiegen gerade die lange, steinerne Treppe am Hinterausgang der Schule hinunter. Der Himmel war mit schweren, grauen Wolken verhangen, und es sah aus, als würde es bald schneien. Hitoshis Atem dampfte, und seine Hände steckten in der Manteltasche.

»Irgendwie ist er viel erwachsener als ich.«

»Erwachsener?«, fragte ich und lachte.

»Ja, wie soll ich sagen … ausgeglichener. Allerdings, wenn irgendwas mit der Familie ist, benimmt er sich seltsamerweise wieder wie ein kleines Kind. Gestern etwa, als mein Vater sich an einem Stück Glas geschnitten hat. Da war er plötzlich ganz aufgeregt. Wie verwandelt. Es war so komisch, dass es mir eben wieder eingefallen ist.«

»Wie alt ist er denn?«

»Fünfzehn, glaub ich.«

»Sieht er dir ähnlich? Ich möchte ihn kennenlernen.«

»Ich weiß nicht, ob das so gut ist. Er ist wirklich ein seltsamer Typ. Schwer zu glauben, dass wir Geschwister sind. Am Ende denkst du noch, dass ich genauso verrückt bin wie er.« Und mit dem Lachen des älteren Bruders fügte er hinzu: »Glaub mir, er ist wirklich sehr eigenartig.«

»Okay«, sagte ich, »dann machst du mich mit ihm bekannt, wenn wir lange genug zusammen waren, ohne dass unsere Beziehung wegen deines verrückten Bruders auseinanderbricht.«

»Keine Angst. Das war natürlich nur Spaß. So schlimm ist er in Wirklichkeit gar nicht. Ich bin sicher, ihr beide versteht euch sehr gut. Erstens hast du ja auch ein paar Macken, und außerdem mag Hiiragi gute Menschen.«

»Gute Menschen?«

»Ja.« Hitoshi lachte, ohne mich anzublicken. Er strahlte übers ganze Gesicht.

Die Treppe war so steil, dass es einem die Füße richtig nach unten zog. Die Fenster des weißen Schulgebäudes reflektierten die Wolken des sich allmählich verdunkelnden Winterhimmels. Noch heute sehe ich die schwarzen Schuhe, die langen weißen Socken und den Rocksaum meiner Schuluniform, wie sie sich Stufe um Stufe die Treppe hinabbewegen.

Draußen war es dunkel geworden. Es war eine vom Duft des Frühlings erfüllte Nacht.

Hiiragi trug einen Mantel über seiner Mädchenuniform, und ich war etwas erleichtert. Die Lampen der Schaufenster tauchten den Gehweg vor dem Kaufhaus in grelles Licht, und auch die Gesichter der Vorübergehenden leuchteten weiß. Der Wind verbreitete einen süßlichen Geruch, und obwohl der Frühling bereits zu spüren war, war es noch immer kalt. Ich holte meine Handschuhe aus der Manteltasche.

»Das Restaurant ist in der Nähe unseres Hauses«, sagte Hiiragi. »Wir müssen ein Stück laufen.«

»Dann gehen wir also über die Brücke«, sagte ich und schwieg eine Weile. Mir war Urara eingefallen, die ich dort getroffen hatte. Obwohl ich jeden Morgen zu der Brücke kam, hatte ich sie seither nicht wieder gesehen.

»Natürlich bringe ich dich nachher nach Hause«, sagte Hiiragi plötzlich mit und schreckte mich aus meinen Gedanken auf. Er hatte mein Schweigen wohl so interpretiert, dass es mir unangenehm war, so weit zu gehen.

»Nein, nein. Das brauchst du nicht«, wehrte ich ab. »Es ist ja noch früh.« Wie sehr er doch seinem älteren Bruder gleicht, musste ich denken. So sehr, dass er es gar nicht nötig hatte, ihn nachzuahmen. Obwohl er nie etwas von sich aus unternommen hätte, den Abstand zu seinem Gegenüber zu verringern, geschah es doch immer wieder, dass sich in seine kühlen und direkten Sätze ganz unbewusst ein freundlicher Ton einnistete. Mich überkam dann ein ganz transparentes Gefühl, und irgendwie war ich richtig ergriffen. Dieses Gefühl hatte ich auch jetzt wieder verspürt. Es war merkwürdig sentimental und zugleich sehr schmerzlich.

»Neulich bin ich beim Joggen hier vorbeigekommen, und an der Brücke stand eine ganz seltsame Person. Daran hab ich eben gedacht.«

»Eine seltsame Person?«, fragte Hiiragi und lachte. »Offenbar ein Mann. Muss ja richtig gefährlich sein, dieses Joggen am Morgen.«

»Nein, nichts in der Art. Es war eine Frau. Und die will mir jetzt einfach nicht mehr aus dem Sinn.«

»Tja … hoffentlich triffst du sie wieder.«

»Das hoffe ich auch.«

Es war seltsam. Irgendwie verspürte ich den brennenden Wunsch, Urara wiederzusehen, auch wenn ich ihr nur ein einziges Mal begegnet war. Dieses Gesicht – fast war mir das Herz stehengeblieben. Hatte es eben noch ein sanftes Lächeln gezeigt, war es im nächsten Augenblick, als die Frau sich unbeobachtet fühlte, wie versteinert. Es war, als hätte ein Dämon Menschengestalt angenommen, der sich nun ermahnte, künftig unerbittlicher zu sein. Nie würde ich diesen Anblick vergessen. Wie gering und unbedeutend erschienen mir plötzlich mein eigener Schmerz und meine Trauer! Und irgendwie begann ich zu spüren, dass es auch für mich einen Ausweg gab.

MARICA BODROŽIĆ

In meiner Berliner Straße

Sie ist vielleicht schon hundert, aber sagt es mir nicht. Ihre Anwesenheit in meinem Gedächtnis ist so stark, dass sie nun auch den letzten Weg Walter Benjamins mitgeht. Sie lächelt mich genauso in dieser Bergwelt an, wie sie mich stets von ihrem Berliner Fenster angelächelt hat. Im Winter sitzt sie hinter dem Glas und sieht auf die Straße. Im Sommer nimmt sie Platz auf ihrem Balkon. Wenn sie nicht mehr dort ist, mache ich mir Sorgen. Ob sie Verwandte hat? Ihr Mann ist vor kurzem gestorben. Das hat sie mir erzählt. In welcher Sprache das war, das wusste ich am Anfang gar nicht. Ich weiß auch nicht, wie sie heißt, denn wenn sie spricht, ist es eine Sprache, die ich nicht verstehe. Nach Monaten der Lächelfreundschaft begreife ich allmählich, dass es Türkisch sein muss. Später erfahre ich, dass es ein kurdischer Dialekt ist, die türkische Nachbarin, die in einem Sammelsuriumladen typischer Berliner Machart arbeitet, erzählt mir das. Sie sagt, das verstehe auch sie nicht, diesen Dialekt, der in der alten Frau überlebt hat, so selbstverständlich wie ein allererster Lebenswind. Sie hat keine Scheu, sich von diesem Wind führen und ihn mit mir sprechen zu lassen. Keinerlei Eitelkeit, keinerlei Scham trennt sie von diesem natürlichen Impuls. Ich sehe mir dabei ihre vielen Falten an, lese in ihnen wie in einer hundertjährigen Baumrinde, die sich so zeigt, wie sie ist: vom Leben berufene Landschaft vor den Augen einer anderen wachsenden Landschaft, die noch zu ihren Einkerbungen kommen wird. Wie ich sie bewundere und wie ich es liebe, dass sie, auf ihren Stock gestützt, die Straßen unserer gemeinsamen Stadt (einer Weltstadt, wie es jetzt überall einvernehmlich über das Dorf Berlin heißt) unbeirrt und mit beeindruckender Zielgerichtetheit samt schelmischem Funkeln in den Augen von Ziel zu Ziel schreitet und überall dort Halt macht, wo man sie kennt. Da ist eine Art Kneipe, in die nur die türkischen Berliner Männer aus dem Kiez hingehen. Sie nennen es Verein. Diesen Ort, an dem sie unter sich sind. Reingucken kann man nicht. Aber dass nur Männer dort willkommen sind, ist mir irgendwie selbstredend klar. Ich versuche es auch nicht. Seit Jahren ist der Laden ein Rätsel für mich. Reingetraut habe ich mich aus einem bestimmten Grund nicht. Die Stimmung aktiviert in mir das alte Jahrhundert, das Dorf, aus dem ich komme, und in dem allein die Männer in der Wirtschaft das Sagen hatten. Am Billardtisch des Gasthauses, auf der Straße, auf dem Friedhof. Und in der Kirche. Das hat meinem Körper nicht gefallen. Es war die Übermacht der Männer, die mich innerlich verkrampfen ließ. Aber eines Tages nahm mein Vater mich mit. Der Billardtisch war nun ein Paradies in Grün und freundlich. Die Männer, mit Hut und ohne, eigentlich zugewandt, alle sagten, he Kleine, gegen mich gewinnst du nicht. Das fällt mir ein, eines Tages in Berlin, gegenüber der Geburtsstraße von Marlene Dietrich. Marlene. Die sich dem Bellen der Barbaren widersetzt hat, in einem blutigen Jahrhundert, in dem sie es geschafft hat, ihrem inneren Klangraum zu folgen, sich ihres Menschseins zu erinnern und ihrer eigenen Ethik zu folgen. (Auch ihr, ähnlich wie Lisa Fittko, ähnlich wie Else Lasker-Schüler, hat die Stadt Berlin eine merkwürdige Straße zugedacht, merkwürdig unentschlossen, fast versteckt ist die Straße am Potsdamer Platz, der ihren Namen trägt – während der Berlinale sehen sie durchaus viele, die berühmten Zugereisten natürlich, das passt durchaus – man schmückt sich, man schmückt sich.) Da steht nun meine Hundertjährige, nicht nur an einer konkreten Kreuzung in der Stadt meines Lebens, sondern in doppelt belichteter Erinnerung. Sie wandert mit mir über die Pyrenäen. Ihre Gestalt ist den Frauen meines ersten Dorfes sehr ähnlich. Jetzt sehe ich, dass sie etwas macht, was die dalmatinischen Frauen nie gemacht haben. Sie geht einfach in den Vereinsladen hinein und schwenkt ihren großen Gehstock demonstrativ vor sich hin und her. Eine Art Gruß an die summenden Seelen der Männer, die rauchen und gestikulieren und ja, das sehe ich richtig, in einer Art Ehrfurcht vor der alten Mutter erstarren. Man bietet ihr wohl Tee an, denke ich, während ich sie aus der Ferne beobachte. Sie verbeugen sich nahezu vor ihr. Was für eine Gestalt, in Schwarz gekleidet, mit einem Kopftuch, weißes Haar, das darunter hervorschimmert, einem von Furchen und Falten durchzogenen Gesicht. Wieder einmal zeigt es sich, dass nur Frauen das Patriarchat verwandeln, zu etwas Neuem beitragen können. Sie hier – mit einem Gehstock. Oder mit dem Beharren auf Tee. Jetzt sind es Männer, die ihn für eine Frau vorbereiten. Mitten in Berlin ist ihre Gestalt eine Forderung. Sie beugt sich keinen Vorgaben, keinem Patriarchat. Sie ist Chefin von Natur aus, das reicht, ihre menschliche Reife stellt sie über alle Identitäten, und sie braucht nicht einmal etwas zu fordern. Sie ist einfach da, und die Männer spielen mit. Anderntags bringe ich meiner Hundertjährigen spontan zwei Stück Kuchen. Ich sehe sie hinter dem Fenster sitzen und winke sie herunter. Sie kommt, sieht den Kuchen, küsst mich, sagt, danke, meine Schwester. Und ich muss lachen vor Glück und Überraschung. Manchmal verliere ich Menschen, manchmal bekomme ich welche geschenkt. Danke, meine Schwester, wir sprechen verschiedene Sprachen, aber ich weiß, dass du deinen Mann vermisst und dass du einsam bist und dass du im Sommer ohne ihn allein auf dem Balkon sitzen wirst. Er wird dir fehlen. Komischerweise auch mir. Er saß ja da immer so eine ganze Weile am Tag. Und ich weiß noch, wie es war, als ich ihn das erste Mal dort erblickte. Es war erschütternd. Er erinnerte mich an meinen Vater, kurz vor seinem Tod, an sein Gesicht, als ihn die schwere Krankheit im Alter von sechsundsechzig Jahren unter die Erde brachte, dorthin, wo alle Körper Brüder und Schwestern der Erde sind. Die Wurzeln der Bäume machen keine Unterschiede. Bäume haben keine Pässe, nur Namen. Ich beneide sie. Wir werden alle einmal Menschen gewesen sein, die irgendwo lange und gerne und ausgiebig saßen. Oh, dieser Schmerz ist im Wort Mittel gegen die Empfindungslosigkeit, die sich in uns einzuschleichen sucht, während die Jahre uns mit den beiden Seiten des Wunders und der Not beschriften. Oh, dieser Schmerz ist ein Sagen. Und das Sagen, heißt es bei Walter Benjamin, »ist nicht nur der Ausdruck des Wunsches, ein Ziel zu erreichen, sondern die Realisierung des Denkens«. So sei auch das Gehen nicht nur der Ausdruck des Wunsches, ein Ziel zu erreichen, sondern seine Realisierung. Ich gehe im Kopf und auf der Erde. Hier bin ich eins mit meiner Hundertjährigen, die nun, wie ich erfahren habe, nicht mehr lebt. Sie saß da lange und gerne und ausgiebig auf ihrem Balkon in jener Straße, in der ich lange, lange wohnte. Jetzt wohnt meine Hundertjährige in mir. Das Bewusstsein ist ein Ort, an dem wir beide uns erden.

HANNS CIBULKA

Augustgewitter

24. August

Den ganzen Vormittag bauten die Wolken schwefelgelbe Türme in den Himmel. Immer neue Wolkenballen schoben sich heran. Sie rückten in einer fest geschlossenen Front vom Süden her auf die Insel zu. Manchmal schoss aus dem Wolkenfeld eine rauchgelbe Fahne, löste sich ab und zog wie ein Spähtrupp, unheilverkündend, durch den blauen Himmel.

Gegen Mittag wurde es dunkel. In den Gaststätten flammten die Glühbirnen auf. Ein unheimliches Zwielicht lastete auf der Insel, fahl, ausdruckslos. Der Strand war leer gefegt, stumpf und träge lag das Meer. Selbst die Schwalben zogen schreiend ab, schossen im Tiefflug davon, ihre Brust blitzte weiß vor den zornschwarzen Wolken auf. Der erste Windstoß kam mit einem hellen, schrillen Pfiff. Zu einer Spirale zusammengedreht, hob er den Sand schwerelos in den Himmel. Durch das letzte blasse Sonnenlicht zuckte ein Flächenblitz. Grollend zog der Donner seinen Halbkreis um die Insel. Ich lief den Weg zur Lietzenburg hinauf. Die Blätter der Pappeln standen in hellem Aufruhr. In meinem Holzhaus angekommen, blieb ich am Fenster stehen. Die Insel lag geduckt, wie ein vorsintflutliches Tier. Die

Luft stand gelb vor meinen Augen. Es knisterte im Haar. Unerträglich war die Drohung des Himmels geworden. Die Erde wartete auf den erlösenden Schlag.

Raketenhaft schoss der erste Blitz durch die Wolkendecke herab, tastete sich an der Küste entlang, prachtvoll leuchtete sein Spiegelbild im Bodden auf und erlosch. Das zweite Strahlenbündel blendete mich. Ich wich erschrocken vom Fenster zurück. Es war eine weiße elektrische Flammensäule, magnesiumgrün, sekundenlang brannte das Meer. Lautlos wartete die Erde. Der Donner kam plötzlich, von oben herab. Es war ein harter, heller Schlag, ganz kurz, ohne Echo. Das Meer kam in Bewegung. Die ersten Regentropfen sprangen ans Fenster. Und wieder zuckte es rot in der Wolkendecke auf. Ein Linienblitz. Er schnellte schraubenförmig auf den Bodden zu, Millionen Volt verzischten sinnlos im Meer. Rollend fiel der Donner in die Kiefernwaldungen ein. Der Sturm brach los, wühlte sich durch den Sanddorn herauf. Die Sträucher gebärdeten sich wie toll, peitschten mit ihren Zweigen den Boden. Die Elemente tobten, Feuer, Wasser und Luft. Magische Kräfte. Ganze Feueräste stürzten jetzt auf die Insel nieder, es flammte, zuckte und schoss von allen Seiten auf den Dornbusch ein. Die Blitze wechselten ihre Farbe, über dem Meer ein helles weißes Band, über dem Bodden eine rote flammende Fackel. Die Insel war zur Front geworden, der Dornbusch glich einer eingeschlossenen Festung. Krachend schlug der Donner in die Ohren ein. Jetzt riss der Himmel seine Regenschleusen auf. Die Landschaft war durch eine Wasserwand von mir getrennt. Mensch und Natur blickten sich an.

Am Nachmittag besuchte ich den Doktor. Er wohnt in einem kleinen weißgetünchten Wochenendhaus am Rande von Kloster. Die Haustür ist seitlich angeordnet, ein paar Stufen führen hinauf. Vor der Haustür aber stehen zwei seltene Sträucher, die *Berberis julianae.* Die Ahnen dieser Pflanze sind in den schneelosen Wintertagen hoch in den westchinesischen Bergen hart geworden. Es ist ein Strauch, der nicht nur die sengende Hitze, sondern auch den schwarzen Frost der Winternacht besteht.

Das Arbeitszimmer ist ohne Komfort. Am Fenster steht ein breiter eckiger Tisch mit einem Mikroskop, an der Wand ein Glasschrank mit Reagenzgläsern, an der gegenüberliegenden Seite ein Bücherregal mit botanischen Zeitschriften, auf dem oberen Regalbrett ein Kasten mit faustgroßen Bernsteinstücken. Kein Teppich, das ganze Zimmer ist mit Linoleum ausgelegt.

Wir setzten uns an den Tisch. Das Gewitter war nach Osten abgezogen, der Wolkenbruch hatte sich in einen warmen leichten Sommerregen aufgelöst. Der Doktor überbrühte in einer Kanne grünen chinesischen Tee, dann las er mir einige Seiten aus seinem jüngsten Manuskript vor. Es waren zwei Studien über die schönsten heimischen Pflanzen, die Kugelorchis und das Gefleckte Knabenkraut.

Was mich an seinen Studien überraschte, war der einzigartige Brückenschlag zwischen naturwissenschaftlicher Erkenntnis und poetischer Einsicht. Es war eine Prosa, die nicht nur von der rein begrifflichen Mitteilung her die Dinge beim Namen nannte. Das Metaphorische brach in seinen Sätzen immer wieder durch. Die große Tradition eines Johannes Müller, Alexander von Humboldt, Carl Ritter, Fallmerayer und Gregorovius, eine literarische Tradition, die in ihrer dichterischen Bedeutung auch heute noch von der Literaturwissenschaft unterschätzt wird, wurde in seinen Studien wieder lebendig. Wissenschaft und Dichtung begannen sich von neuem zu berühren.

Später erzählte mir der Doktor, dass er an diesen Aufzeichnungen jahrelang gearbeitet hat. Sein großer Lehrmeister war der provenzalische Insektenforscher Jean-Henri Fabre. Immer wieder habe er seine gesammelten Aufsätze, die *Souvenirs entomologiques,* gelesen und studiert. Bei diesem Wissenschaftler hätte er die genaue und liebevolle Betrachtungsweise kennengelernt, die den naturwissenschaftlichen Studien unserer Tage allzu oft verlorengeht.

Ehe wir zum Abendessen hinunter ins Dorf gingen, zeigte mir der Doktor seine kleine Bernsteinsammlung. Viele Steine waren dunkel wie roter Wein, andere wieder algengrün, knochig, tiefschwarz. Die wasserhellen, lichtdurchlässigen Exponate aber ließen sämtliche Feinheiten der eingeschlossenen Gräser und Insekten erkennen. Eine kleine Zikade, vierzig Millionen Jahre alt, die Blüte einer Stechpalme, ein paar Gräser, aufgefächert. Ein zarter unscheinbarer Flügelschlag in der großen unfassbaren Ode, die wir Leben nennen.

DANIELA KRIEN

Aussicht

Noch einmal umdrehen, einhüllen und die Augen einen Moment lang zulassen … Sie würde erneut in einen Tiefschlaf fallen, aus dem kein Wecker sie zurückholen könnte.

Also gab sie sich einen Ruck und erhob sich, bog den Rücken zum Buckel, bog ihn wieder gerade und ging ins Badezimmer. Nina wusch sich rasch am Waschbecken. Der Wasserkocher in der Küche brodelte, während sie mit einem kalten Waschlappen über Gesicht, Hals und Brust fuhr. Um diese frühe Uhrzeit half nur das starke Verlangen nach einem frisch gebrühten Kaffee.

Die Mädchen schliefen noch.

Charlotte war ein leichter Fall. Ohne Murren kroch sie jeden Morgen aus dem Bett, schlaftrunken zog sie die Sachen an, die Nina ihr am Vorabend hingelegt hatte, wortkarg, aber keineswegs feindlich gestimmt trank sie ihren Kakao am Frühstückstisch, tunkte Zwieback hinein und schmierte sich ihre Pausenbrote selbst. Ganz anders ihre Große: Lara musste zehnmal gerufen werden, und wenn sie schließlich erschien, schaffte sie es, Mutter und Schwester vollständig zu ignorieren.

Viertel vor sieben war es dann. Inzwischen hatte Nina das Mittagessen für die Tageskinder vorbereitet, die täglich zwischen sieben und acht Uhr dreißig von ihren Eltern gebracht wurden. Fünf kleine Kinder, keines jünger als ein Jahr, keines älter als drei. Nina hätte es leichter haben können. Kaum eine Tagesmutter kochte selbst. Die meisten ließen sich das Essen liefern. Aber Nina wollte es so, und das brachte ihr mehr Anmeldungen, als sie Plätze zu vergeben hatte.

Charlotte saß bereits an ihrem Platz, als Nina zum x-ten Mal nach Lara rief. Geduld und Kinderliebe waren ihre Stärken, aber die Grenze zwischen Geduld und Dummheit sei fließend – das hatten ihre Eltern oft gesagt. Ganz unrecht hatten sie nicht. Nina fand nunmehr selbst, sie trete auf diesem schmalen Grat zu oft daneben. Holger war das beste Beispiel. Fast zwölf Jahre hatte sie mit angesehen, wie er seine Tage damit zubrachte, brotlose Kunst zu produzieren, während sie neben Studium und zwei Schwangerschaften arbeitete, um die Familie vor der Sozialhilfe zu bewahren. Wenn sie erschöpft nach Hause kam und Holger sie mit den Worten: Ich kann so nicht arbeiten! empfing, dann brüllte sie ihn nicht an. Sie nahm ihm die Mädchen ab, spielte mit ihnen, bereitete das Abendessen vor und gab glaubwürdig vor, Verständnis für Holgers Bedürfnis zu haben, noch einmal raus zu müssen, um nicht zu ersticken.

Als eines Tages der Gerichtsvollzieher vor der Tür stand, merkte Nina, dass sie kaum überrascht war, ja, dass sie unbewusst darauf gehofft hatte, eine Veränderung ihrer Situation würde von außen herbeigeführt.

»Und?«, fragte Nina. »Was wollen Sie von mir?«

»Nicht von Ihnen, von Ihrem Mann.«

»Ich bin nicht verheiratet«, sagte sie kurz.

Sowohl an diesem Tag als auch noch lange danach beglückwünschte sie sich zu dieser Tatsache.

Holger hatte sie heiraten wollen (und zu Beginn der Beziehung hätte sie jubelnd zugestimmt), aber sein Antrag kam zu einem Zeitpunkt, als ihre Zweifel längst überwogen.

Herr Ehrenfeld kam schnell zur Sache. Holger schuldete einem Kind Unterhalt, von dessen Existenz Nina nichts gewusst hatte. Es war zwei Jahre alt und hieß Kaspar Karl Friedrich. Wie es ihm gelungen war, all die Briefe, die in dieser Angelegenheit mit Sicherheit versandt worden waren, ungesehen verschwinden zu lassen, war ihr ein Rätsel.

Nachdem Herr Ehrenfeld die Wohnung verlassen hatte, ohne etwas Pfändbares entdeckt zu haben, durchsuchte sie Holgers Zimmer, und zwischen zwei Leinwänden, die bedeckt von Papier und Malutensilien am Boden lagen, wurde sie fündig. Die Briefe noch in der Hand, ging sie durch die Wohnung, von Zimmer zu Zimmer, mit einem Pochen im Kopf. Je länger sie so umherging, umso stärker fühlte Nina etwas Seltsames mit sich geschehen. Sie betrachtete den Messerblock in der Küche auf einmal mit anderen Augen; sie sah Holger, der später ahnungslos nach Hause kam, an und erblickte einen verwundbaren Körper. Bestimmte Organe und Regionen schienen hervorzutreten: Herz, Hals, die Verzweigungen der Hauptschlagader …

An diesem Abend warf sie ihn aus der Wohnung.

Selbst als er längst weg war, wiederholte sie fluchend: »Hau ab. Hau ab. Hau ab. Nichtsnutz. Elender Schmarotzer.«

Holger trabte die Treppe hinunter, und die Mädchen, die

damals noch klein waren, standen weinend dabei. Charlotte klammerte sich an ihre Mutter, Lara dagegen wollte nicht berührt werden. Sie schluchzte und kauerte sich am Boden zusammen.

Immer wieder rief sie nach dem Nichtsnutz, dem Schmarotzer, der ihr Vater war. Von Beginn an war die Bindung zwischen Lara und Holger stärker gewesen als zwischen Lara und ihrer Mutter. Wenige Wochen nach der Geburt musste Nina wieder arbeiten gehen, und es war Holger, der mit Lara zu Hause blieb. Er war es, der Lara in ihrem ersten Lebensjahr umhertrug, fütterte und wickelte. Er war es auch, der sich, als Lara sechs Monate alt war, mit den Worten »Never change a running system. Never change a winning team« weigerte, die Rollen nun zu tauschen.

Seit knapp drei Jahren arbeitete Nina schon als Tagesmutter. In Holgers ehemaligem Zimmer spielten und schliefen nun täglich Kleinkinder. Das Geld war knapp, aber die Befriedigung, die Nina dabei empfand, sich und die Mädchen allein versorgen zu können, entschädigte sie für Entbehrungen, die ohnehin verschmerzbar waren.

Mindestens fünfmal hatte Nina nach Lara gerufen, als sie endlich erschien. Charlotte war längst fertig mit dem Frühstück und putzte sich im Bad die Zähne. Lara erwiderte Ninas Guten Morgen mit einem Nuscheln. Noch im Nachthemd und ungekämmt ließ sie sich auf einen Stuhl fallen und schaute sich um.

»Gibt's keine Brötchen?«

»Es gibt unter der Woche nie Brötchen, Lara, das weißt du genau.«

»Man wird ja wohl fragen dürfen.«

»Magst du Müsli?«

Lara antwortete nicht. Wortlos stand sie auf und ging aus der Küche.

Nina folgte ihr.

»Was machst du?«

»Ich geh wieder ins Bett.«

»Wie bitte?«

Übelkeit kam hoch. Nina schluckte. Sie hörte sich Worte sagen, Sätze, Floskeln, Drohungen. Sie sah die Gleichgültigkeit in Laras Gesicht, ihr Augenrollen und Mundverziehen und Armeverschränken. Und dann ihre Stimme: »Fick dich doch.«

»Was hast du gesagt?«

»Dass du dich ficken sollst.«

Davon ahnte niemand etwas. Niemand konnte sich vorstellen, wie sehr sich Nina nach dem Kind zurücksehnte, das nachts zu ihr ins Bett kam, um sich an sie zu schmiegen, das kleine Briefe schrieb, in denen es der Mutter seiner Liebe versicherte, das am Sonntagmorgen Brötchen holen ging, mit der kleinen Schwester an der Hand. Oder war es immer nur Holger gewesen, an den sie sich geschmiegt hatte und der die Briefchen bekam? Wünsche formen Erinnerungen. Erinnerungen sind die Stützen der Gegenwart. Doch hielten sie dem Druck des Alltäglichen stand?

Manchmal war es ihr so, als würde sie das Mädchen Lara, das jeden Morgen missmutig aus ihrem Zimmer kam, nicht kennen, als lebte eine Fremde in ihrem Haus, ein Feind an manchen Tagen.

Wo lag der Fehler? Was machte sie falsch? Sie war geduldig, nachsichtig. Aber Laras Wut prallte an der mütterlichen Geduld wie an einer Gummiwand ab. Nina bündelte stets ihre Kräfte, bevor Lara und sie aufeinandertrafen. Frühmorgens war es erträglich, weil die gemeinsam verbrachte Zeit auf eine Dreiviertelstunde begrenzt und damit von Vornherein klar war, wie lang sie durchhalten musste, wie lang sie ihr Kind ertragen musste, wie lange sie Laras gelangweilten oder boshaften Gesichtsausdruck, ihr bohrendes Fragen nach mehr Taschengeld, ihre Gleichgültigkeit gegenüber den schlechter werdenden Noten, ihre Antriebslosigkeit aushalten musste. Härter waren die Stunden am späten Nachmittag und frühen Abend. Ein anstrengender Arbeitstag lag dann hinter ihr, und wenn endlich alle Kinder ihren Eltern übergeben waren und Nina sich für eine Viertelstunde mit einem Kaffee in die Küche zurückzog, hörte sie den Schlüssel im Schloss der Wohnungstür, gleich darauf das Knallen der Tür, das dumpfe Geräusch von Laras Schulrucksack, der auf dem Boden aufschlug, ihre schlurfenden Schritte mit den Straßenschuhen, die sie ostentativ anließ. Weiß nicht, Mir doch egal, Lass mich in Ruhe waren die häufigsten Sätze, die Lara dann sagte. Was Lara dachte, wollte Nina gar nicht wissen.

Fick dich. Fick dich. Fick dich.

Nina sah, wie Lara den Flur entlangtrottete bis zu ihrem Zimmer. Langsam setzte sie sich in Bewegung und folgte ihr. Bevor Lara die Tür zuschmiss, stellte Nina ihren Fuß zwischen Tür und Rahmen.

»Du gehst zur Schule«, zischte sie. »Du ziehst dich sofort an und gehst zur Schule.«

»Du kannst mich nicht zwingen.«

»Und ob ich kann.«

Lara hob ihr Gesicht und starrte Nina unverwandt an.

»Dann zieh ich zu Papa. Papa sagt, dass man in der Schule sowieso nichts lernt. Lehrer sind vom Staat abgerichtete …«

»Hör auf, Lara.«

»Papa würde mich nie zwingen, zur Schule zu gehen, wenn ich nicht will.«

»Aber Papa hat einen Schulabschluss, Lara. Sogar einen Hochschulabschluss.«

»Und? Hat ihm das irgendwas gebracht?«

Nina wurde laut. »Ende der Diskussion, Lara! Du gehst jetzt zur Schule!«

Lara kniff die Augen zusammen und schubste Nina schließlich aus der Tür. Und Nina schubste zurück, hob den Arm und sah ihre Hand durch die Luft sausen und auf Laras linker Wange aufklatschen. Kurz bevor sich Hand und Wange berührten, wollte sie innehalten, doch die Bewegung war so gut wie vollendet und ließ sich nicht mehr stoppen. Laras Kopf flog zur Seite, und Nina stand wie erstarrt vor ihrer Tochter.

Etwa zehn Minuten später verließ Lara die Wohnung. Sie warf die Tür diesmal nicht zu, sie ließ sie offen stehen. Lotte hechtete hinterher, und Stille kehrte ein.

Kurz darauf kamen die ersten beiden Tageskinder, im Laufe der nächsten Stunde die anderen drei. Nach dem gemeinsamen Frühstück setzte Nina den Kleinen ihre Sonnenhüte auf und packte die Tasche für unterwegs.

Der Spielplatz befand sich in unmittelbarer Nähe, am

Rand eines großen Parks. Dort wollte sie die Zeit bis zum Mittagessen verbringen und sich, während die Kinder im Sand spielten, die passenden Worte für Laras Heimkehr am Nachmittag überlegen. Natürlich war eine Entschuldigung nötig. Sinnvoll wäre es, gemeinsam zu einer Beratungsstelle zu gehen. Lara war aus dem Lot geraten. Immer tiefer war sie in dem Strudel aus Trennungsschmerz, Wut und pubertätsbedingten Nöten versunken. Ninas Ärger verdampfte bei der Vorstellung der immensen Einsamkeit, die ihre Tochter vermutlich empfand. Sie hatte Mitleid mit Lara.

Sie schulterte die Tasche mit Sonnenmilch, Trinkflaschen, Wechselwindeln, Feuchttüchern und Sandspielzeug, klatschte in die Hände und sagte: »Los geht's, Kinder.«

In diesem Augenblick erklang die Türglocke. Es war nicht das erste Mal, dass der Körper Unheilvolles ahnte, bevor es das Bewusstsein erfuhr. Durch die Milchglasscheiben der Eingangstür sah sie zwei große Menschen im Hausflur stehen. Sie schaute auf die Kinder, die hinter ihr warteten, dann öffnete sie.

»Frau Bischoff?«

»Ja?«

»Können wir kurz reinkommen? Wir müssen etwas mit Ihnen besprechen.«

»Ja.«

Die Frau trug eine dunkelblaue Hose und eine hellblaue Bluse mit einem Wappen auf dem Ärmel. Sie hatte die Kappe auf ihrem Kopf so weit ins Gesicht gezogen, dass sie den Kopf in den Nacken legen musste, um Nina ansehen zu können. Der Mann, ebenfalls in Uniform, nahm seine Schirmmütze ab und hielt Nina seinen Polizeiausweis entgegen.

Was? Wie oft hatte sie das gefragt?

»Wir würden jetzt gern mal etwas anderes von Ihnen hören, als Was?, Frau Bischoff.«

Ein vielsagender Blick zwischen den Beamten folgte.

»Wir wüssten gern, was genau heute Morgen passiert ist und wie oft so etwas bei Ihnen passiert. Eine Tagesmutter, die ihre eigenen Kinder verprügelt …«

So war das also, wenn ein Kartenhaus fällt, wenn die erste Karte kippt und man weiß, die nächste wird folgen. Und dann eine weitere und noch eine, und schließlich liegen sie alle auf einem unordentlichen Haufen und warten darauf, neu gemischt zu werden. Zu Anfang des Berichts, den der Mann in einer seltsam formellen Sprache vorbrachte, glaubte Nina nicht, was sie hörte.

Lara sollte gegenüber der Vertrauenslehrerin ihrer Schule erzählt haben, sie sei am Morgen von der Mutter verprügelt worden.

»Was?«

Nun habe sie Angst, nach Hause zurückzukehren …

»Was?«

… und wolle lieber zum Vater, aber das würde die Mutter nicht zulassen.

»Was?«

Lara brauche Hilfe. Sie habe Angst. Allein ginge sie nicht mehr zurück nach Hause zur Mutter.

»Was?«

Die Lehrerin sei schockiert darüber gewesen, was das weinende Mädchen, auf einem Stuhl zusammengesunken, erzählte; sie habe zunächst die Polizei angerufen und gleich darauf das Jugendamt.

»Was?«

Jetzt wollte sie also etwas anderes hören, als dieses Was, die Beamtin mit der tief sitzenden Kappe und dem blonden Pferdeschwanz. Sicher hatte sie keine Kinder.

»Eine Ohrfeige!«, rief Nina. »Es war eine einzige Ohrfeige, das erste Mal in meinem Leben und sicher auch das letzte Mal.«

»Sie geben es also zu?«

»Ja. Ich habe meiner Tochter heute Morgen eine Ohrfeige gegeben, weil sie mich beleidigt hat und sich weigerte, zur Schule zu gehen.«

»Schläge sind für Sie also ein geeignetes Mittel zur Kindererziehung.«

»Nein!« Ihre Stimme wurde laut, und eines der Kinder begann zu weinen. Ein zweites schubste das weinende Kind, sodass es hinfiel. Nina hob es auf.

»Sie sollten jetzt die Eltern anrufen. Die Kinder müssen abgeholt werden.«

Nina schaute ungläubig von einem zum anderen. Der Polizist setzte seine Mütze wieder auf und wiederholte seine Worte. Sie senkte den Blick und sah das, was folgen würde. Sie konnte sich die Gesichter der Eltern vorstellen, wenn sie ihre Kinder holten und ihr, der Person, der diese Kinder anvertraut waren, zu verstehen gaben: Man kann ja nie wissen, man steckt nicht drin in den Menschen. Sie sah sich beim Ausräumen ihrer Wohnung zu und beim Einzug in eine kleinere, eine billigere, in einem anderen Teil der Stadt. Sie hörte Charlottes Weinen, als Lara von Holger abgeholt wurde, um von nun an bei ihm zu leben. Und vor allem sah sie sich selbst, ihr müdes Gesicht. In wenigen Sekunden spulten sich die Konsequenzen dieser unbedachten Handlung vor ihr ab, und Nina war fassungslos bei dem Gedanken, dass nicht Holger ihr das Rückgrat gebrochen hatte, sondern ihre eigene Tochter. Männer kommen und gehen, dachte sie, aber Kinder bleiben für immer, egal, wie weit sie sich räumlich entfernen. Und inmitten dieses Entsetzens tat ihr Lara erneut leid. Sobald Lara das alles begriffe, würde sie das Gesagte zurücknehmen. Vielleicht war noch nicht alles verloren.

»Wo ist meine Tochter jetzt? Wo ist Lara?«, fragte sie hastig.

»In der Schule. Eine Sozialarbeiterin ist bei ihr.«

»Ich will mit ihr sprechen.«

»Das können Sie gern tun, aber erst lassen Sie die Kinder abholen.«

Nina schüttelte den Kopf. »Nein. Die Kinder bleiben hier.«

Die Polizisten wandten sich einander zu, zögerten einen Moment, dann sagte die Frau in einem deutlich schärferen Ton: »Jetzt hören Sie mal zu, Frau Bischoff, Sie haben Ihre Tochter misshandelt und weigern sich, mit uns zu kooperieren. Darum schlagen wir vor, Sie kommen jetzt mit aufs Präsidium, wir nehmen ein Protokoll auf, und die Kinder werden einer Mitarbeiterin des Jugendamtes übergeben, bis die Eltern da sind.«

»Warten Sie, warten Sie.« Nina presste ihre Hände gegen die Schläfen, doch jeder Gedanke lief in dieselbe ausweglose Richtung. Ihr Kopf dröhnte, und die blonde Polizistin atmete hörbar ein und aus. Eines der Kinder begann nach seiner Mama zu rufen.

Da holte sie die Liste mit den Nummern der Eltern.

Am darauffolgenden Tag teilte ihr eine weibliche Stimme am Telefon mit, dass ihr mit sofortiger Wirkung die Zulassung als Tagesmutter entzogen sei.

*

An einem frostigen Tag im Dezember des darauffolgenden Jahres schließt Nina um kurz nach neun Uhr morgens die Wohnungstür ab, beachtet nicht die Schmierereien im Treppenhaus, läuft zur Straßenbahnhaltestelle und schlingt sich ihren Schal fest um den Hals. Sie hat ihre Haare hochgesteckt, ein getöntes Make-up aufgelegt, die Wimpern getuscht und die Lippen mit einem farbigen Gloss zum Glänzen gebracht. Die Schuhe sind frisch geputzt, das schwarze Kleid mit einer Fusselrolle makellos gesäubert. Ihr Blick ist starr nach innen gerichtet. Als sie dreißig Minuten später das Gerichtsgebäude betritt, schaut sie entschlossen nach vorn. Während der Zeugenbefragungen der Vertrauenslehrerin, der Jugendamtsmitarbeiterin und der blonden Polizeibeamtin fixiert sie die Gesichter der Befragten. Sie wartet auf den Moment, in dem sich ihre Blicke begegnen würden.

Der Richter, ein Mann mit randloser Brille, Glatze und unlesbarem Gesicht, schließt seinem Urteilsspruch, der Nina vollständig rehabilitiert und sie wieder als Tagesmutter zulässt, noch einen Satz hintenan. Er richtet sich an die Lehrerin, die aufgrund von Laras Bericht die Polizei gerufen hatte.

»Angesichts dessen, dass hier durch überstürztes Handeln eine Familie – zumindest temporär – zerstört wurde, halte ich zudem eine persönliche Entschuldigung für angebracht.«

Dann erhebt er sich, nickt in die Runde und verlässt den Gerichtssaal.

Draußen auf dem Gang wartet Nina auf die Lehrerin. Sie lässt nicht den Blick von ihr, als sie sich den Mantel anzieht, den Strickschal umlegt und braune Wildlederhandschuhe überstreift. Sie spürt das Unbehagen der Frau und nähert sich ihr noch mehr. Schließlich wendet sich ihr die Lehrerin abrupt zu.

»Ich habe nur meine Pflicht getan. Ich habe das Kind schützen wollen. Das kann mir keiner zum Vorwurf machen.« Ihre Absätze schlagen hart auf den Steinfußboden, als sie den langen Flur davoneilt.

»Erst denken, dann handeln!«, schreit Nina ihr hinterher.

Dann laufen. Die Wintersonne wärmt nicht, sie sticht in den Augen. Zurück in die Wohnung will sie nicht. Die Wohnung ist kein Zuhause, nur eine Behausung. Manche Siege sind nur die Vollendung einer Niederlage, denkt sie. Manche Siege ernten keinen Lohn. Recht ist nicht Gerechtigkeit. Gerechtigkeit ist ein Irrlicht im Sumpf.

Erst als die Hände steif werden und die Ohren stechend schmerzen, macht sie sich auf den Heimweg. Armut sei relativ, hat sie kürzlich gelesen. Auf das Bezugssystem käme es an, und dieses sei immerhin frei zu wählen.

Es gibt nichts Verlässliches. Nicht Liebe, nicht Kinder, nicht Arbeit, nicht Geld. Womöglich würde es auch nie etwas Verlässliches geben. War das vielleicht der Trost im Deckmantel der Enttäuschung?

Sie steigt die Treppen zu ihrer Wohnung hinauf, sie geht direkt in ihre winzige Küche und füllt Wasser in den Wasserkocher. Dann legt sie den Mantel über einen Stuhl, hängt einen Beutel Kamillentee in eine Tasse und gießt kochendes Wasser darüber. Ein Blick auf das Display des Mobiltelefons: keine Nachricht von ihrer Tochter. Lara ist schon seit Wochen nicht mehr hier gewesen, und Charlotte fragt kaum noch nach ihr.

Bei ihrem letzten Besuch, der wie die meisten Besuche schweigsam verstrichen war, hatte Nina zum Abschied den Kopf ihrer Tochter zwischen beide Hände genommen und leise zu ihr gesagt: »Du bist nicht schuld, Lara. Ich weiß, du denkst das, und ich weiß, dass du deswegen nicht gern kommst. Weil du ein schlechtes Gewissen hast und mir nicht in die Augen blicken möchtest. Aber du bist nicht schuld. Und ich liebe dich.«

Lara stand ganz still. Sie schob Ninas Hände beiseite und gab zur Antwort: »Das weiß ich. Du hast mich geschlagen. Das ist nicht meine Schuld. Natürlich nicht.«

Sie stülpte sich die Kopfhörer ihres Musikplayers über die Ohren und lief die Treppen hinunter. Seither gab es keinen Kontakt mehr.

Nina geht ins Wohnzimmer zum Fenster und sieht hinaus. Von hier oben scheint sie dem Himmel näher als der Erde zu sein. Vom Sofa aus sieht sie nichts als Himmel und Wolken, hin und wieder Vogelschwärme oder die Kondensstreifen eines Flugzeugs.

Auf dem Sofa liegt sie oft. Seit sie in den Nächten nicht mehr schläft, holt sich ihr Körper tagsüber die nötige Ruhe. Dann liegt Nina nahezu bewegungslos in eine grüne Wolldecke gehüllt, den Blick gen Himmel gerichtet, stundenlang. Je länger sie liegt, desto müder wird sie. Desto träger. Desto gleichgültiger. Sie muss nur lang genug liegen, dann vergehen auch die Wut und die Trauer und der Wunsch nach Gerechtigkeit.

Nina trinkt den Tee, bis die Tasse leer ist. Sie wendet sich um, geht ins Bad, wäscht sich die Farbe aus dem Gesicht und löst ihr Haar. Sie öffnet den Reißverschluss ihres Kleids, streift es ab und lässt es fallen. Auf dem Sofa zieht sie sich die grüne Wolldecke bis ans Kinn. Ihr Blick verliert sich in der Weite des Himmels.

Nachweis

Der Verlag dankt den folgenden Rechteinhaber:innen für die Genehmigung zum Abdruck:

Bennett, Alan (* 1934, Leeds)
Miss Fozzard findet ihre Füße. Aus dem gleichnamigen SALTO-Band. Copyright © 1998 Forlake Ltd., London. Copyright der deutschsprachigen Ausgabe © 2011 Verlag Klaus Wagenbach, Berlin. Aus dem Englischen von Ingo Herzke.

Berzbach, Frank (* 1971 Köln)
Nichts sonst (Titel von der Herausgeberin). Auszug aus: ders., *Die Form der Schönheit.* Eichborn – Ein Imprint der Bastei Lübbe AG. Copyright © 2018 by Bastei Lübbe AG, Köln.

Bodrožić, Marica (*1973, Zadvarje SR Kroatien, SFR Jugoslawien)
In meiner Berliner Straße. Auszug aus: dies., *Die Arbeit der Vögel. Seelenstenogramme.* Copyright © 2022 Luchterhand Literaturverlag, München, in der Penguin Random House Verlagsgruppe GmbH.

Böll, Heinrich (1917, Köln – 1975, Kreuzau-Langenbroich)
Ankunft I. Aus: Viktor Böll (Hrsg.), *Heinrich Böll. Werke. Kölner Ausgabe.* Band 10: *1956-1959.* Copyright © 2005, Verlag Kiepenheuer & Witsch GmbH & Co. KG, Köln.

Brandt, Jan (* 1974, Leer, Ostfriesland)
Nicht die Bohne. Erscheint in dieser Anthologie erstmals in Buchform. Als Beitrag mit dem gleichen Titel erschienen in

der *Süddeutschen Zeitung*, München, vom 30. September 2006. Copyright © 2006 by Jan Brandt.

Carroll, Lewis (1832, Daresbury, County Cheshire – 1898 Guildford, County Surrey)
Aberwitz und Fünf-Uhr-Tee. Auszug aus: ders., *Alice im Wunderland.* Copyright der deutschsprachigen Ausgabe © Insel Verlag Frankfurt am Main 1963. Alle Rechte bei und vorbehalten durch Insel Verlag Berlin. Aus dem Englischen von Christian Enzensberger.

Cibulka, Hanns (1920, Krnov, Tschechien – 2004, Gotha)
Augustgewitter (Titel von der Herausgeberin). Auszug aus: ders., *Sanddornzeit.* Copyright © 2020 MSB Matthes & Seitz Berlin Verlagsgesellschaft mbH.

Dörrie, Doris (* 1955, Hannover)
Tee. Erscheint in dieser Anthologie erstmals in Buchform. Als Kolumne mit dem Titel *Eine Frage der Haltung* erschienen in: *essen & trinken,* Hamburg, 2/2018. Copyright © 2018 by Doris Dörrie.

Eliot, T.S. (1888, St. Louis, Missouri – 1965, London)
Jetzt da der Flieder blüht. Auszug aus: *Prufrock und weitere Wahrnehmungen. Bildnis einer Dame* in: ders., *Werke in vier Bänden.* Herausgegeben und mit einem Nachwort versehen von Eva Hesse, Band 4: *Gesammelte Gedichte.* Copyright der deutschsprachigen Ausgabe © Suhrkamp Verlag Frankfurt am Main 1950. Alle Rechte bei und vorbehalten durch Suhrkamp Verlag Berlin. Aus dem Englischen von Erich Kästner.

Gozlan, Léon (1803, Marseille – 1866, Paris)
Balzacs goldener Tee (Titel von der Herausgeberin). Auszug aus: ders., *Balzac intim. Erinnerungen eines Zeitgenossen.* Copyright der deutschsprachigen Ausgabe © 2007, Diogenes Verlag AG Zürich. Aus dem Französischen von Ossip Kalenter.

Jerome, Jerome K. (1859 in Walsall, Staffordshire – 1927, Northhampton)

Die Widerborstigkeit von Teekesseln (Titel von der Herausgeberin). Auszug aus: ders., *Drei Mann in einem Boot. Ganz zu schweigen vom Hund!* Die Rechte an der deutschen Übersetzung liegen beim Manesse Verlag, Zürich, in der Penguin Random House Verlagsgruppe GmbH, München. Aus dem Englischen von Gisbert Haefs.

Krien, Daniela (* 1975, Neu Kaliß)

Aussicht. Aus: dies., *Muldental.* Copyright © 2020, Diogenes Verlag AG Zürich.

Leeb, Root (* 1955, Würzburg)

Der Brief. Aus: dies., *Die dicke Dame und andere kurze Geschichten.* Copyright © 2013 by ars vivendi verlag GmbH & Co. KG, Cadolzburg.

Libaire, Jardine (* 1973, New York), Ward, Amanda Eyre (* 1972, New York)

Imperial Dragonwell. Aus: dies., *Berauscht vom Leben. Die Freiheit, nicht zu trinken.* Copyright © 2020 Amanda Eyre Ward und Jardine Libaire. Copyright der deutschsprachigen Ausgabe © 2021, Diogenes Verlag AG Zürich. Aus dem Amerikanischen von Conny Lösch.

Mann, Erika (1905, München – 1969, Zürich) und Mann, Klaus (1906, München – 1949, Cannes)

Cannes. Aus: dies., *Das Buch von der Riviera.* Copyright © 2019, Rowohlt Verlag GmbH, Hamburg.

Mansfield, Katherine (1888, Wellington – 1923, Fontainebleau)

Psychologie. Aus: dies., *Sämtliche Erzählungen in zwei Bänden.* Band I. Herausgegeben von Elisabeth Schnack. Erschienen bei Diogenes 2012. Copyright der deutschsprachigen Übersetzung © 1980 Büchergilde Gutenberg, Frankfurt am Main. Aus dem Englischen von Elisabeth Schnack.

McKinty, Adrian (* 1968, Belfast)

Duffys letzter Fall. Auszug aus: ders., *Cold Water.* Copyright © 2019 by Adrian McKinty. Copyright der deutschsprachigen Ausgabe © Suhrkamp Verlag Berlin 2019. Aus dem Englischen von Peter Torberg.

Meyer, Thomas (* 1974, Zürich)

Ich frage, was für Tee es sei, der schmecke so gut. Aus der Ausgabe mit dem gleichen Titel. Copyright © 2015, Salis Verlag AG, Zürich.

Mrożek, Sławomir (1930 Borzęcin bei Krakau – 2013, Nizza)

Tee oder Kaffee? Aus: ders., *Die Geheimnisse des Jenseits.* Copyright © 1993, Diogenes Verlag AG Zürich. Aus dem Polnischen von Christa Vogel.

O'Connor, Frank (1903. Cork – 1966, Dublin)

Mein Ödipus-Komplex. Aus der gleichnamigen Erzählsammlung. Copyright © by Frank O'Connor. Copyright der deutschsprachigen Ausgabe © 1958, Diogenes Verlag AG Zürich. Aus dem Englischen von Elisabeth Schnack.

Orwell, George (1903, Motihari, Bihar, Britisch-Indien – 1950, London)

Eine gute Tasse Tee. Erstmals erschienen im *Evening Standard* vom 12. Januar 1946. Copyright der deutschsprachigen Übersetzung © 2022, Diogenes Verlag AG Zürich. Aus dem Englischen von Malte Krutzsch.

Parker, Dorothy (1893, Long Branch, New Jersey – 1967, New York)

Der letzte Tee. Aus: dies., *New Yorker Geschichten.* Copyright © 2003/2016 by KEIN & ABER AG Zürich-Berlin. Aus dem Amerikanischen von Ursula-Maria Mössner.

Schulze, Ingo (* 1962, Dresden)

Wie oft. Aus: ders., *33 Augenblicke des Glücks. Aus den abenteuerlichen Aufzeichnungen der Deutschen in Piter.* Copyright

© 1995 Berlin Verlag in der Piper Verlag GmbH, Berlin und München.

Van Reybrouck, David (* 1971, Brügge, Belgien)

Ode an die Toten in meinem Telefon. Aus: ders., *Oden.* Copyright © Insel Verlag Berlin 2019. Aus dem Niederländischen von Waltraud Hüsmert.

Yoshimoto, Banana (* 1964, Präfektur Tokio, Japan)

Moonlight Shadow. Auszug aus: dies., *Kitchen.* Copyright © 1988 by Banana Yoshimoto. Copyright der deutschsprachigen Ausgabe © 1992, 1994, Diogenes Verlag AG Zürich. Aus dem Japanischen von Wolfgang E. Schlecht.